1993年在深圳市机关第二幼儿园与获奖幼儿合影

首都师范大学教授、博士生导师常锐伦观摩
北斗小学本人教学

在桂园中学课堂教学

每学期为中小幼教师继续教育现场授课

2007年美国蒙大拿大学结业典礼

2007年在美国蒙大拿大学创作《北京欢迎您》
剪纸作品并赠送大学

2007年美国大都会博物馆高更作品前

2004年参加香港举行的亚太美术教育会议与
钱初熹、王大根教授合影

会议期间与尹少淳、台湾郭祯祥教授等合影

2013年举行区名教师翁宏国名师工作室揭牌仪式

2018年与香港粉岭官立学校领导交流

2016年与长江学者、华东师范大学李政涛教授合影

与美术教研员张海在黄山写生时小息　　　　　　　　在黄山写生

2017年深圳市教科院美术课题组邀请青年教师与工作室开展活动后合影

《风筝》油画　创作时间：2008年　　　　　　《泉》水彩画　创作时间：2006年

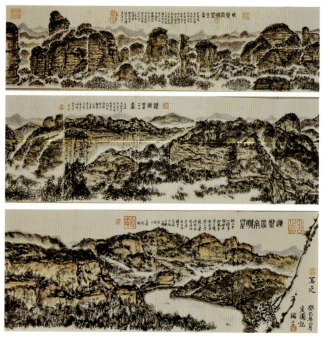

《丹霞风貌》水墨画　册页长卷创作时间：2015年

《向大师学习》水墨画
创作时间：2018年

《福音》玉雕　材质：玛瑙 创作时间：2017年

《水滴石穿》玉雕材质：玛瑙
创作时间：2017年

探索中小幼
美术教育新思路

学前、义务教育和高中美术教学
实践研究

翁宏国 / 著

世界图书出版公司
WORLD PUBLISHING CORPORATION

图书在版编目（CIP）数据

探索中小幼美术教育新思路：学前、义务教育和高
中美术教学实践研究 / 翁宏国著 . -- 北京：世界图书
出版公司，2019.6
　　ISBN 978-7-5192-6341-6

　　Ⅰ . ①探… Ⅱ . ①翁… Ⅲ . ①美术课—教学研究—学
前教育②美术课—教学研究—中小学 Ⅳ . ① G613.6
② G633.955.2

中国版本图书馆 CIP 数据核字（2019）第 105670 号

书　　　　名	探索中小幼美术教育新思路：学前、义务教育和高中美术教学实践研究	
（汉语拼音）	TANSUO ZHONGXIAOYOU MEISHU JIAOYU XINSILU：XUEQIAN、YIWU JIAOYU HE GAOZHONG MEISHU JIAOXUE SHIJIAN YANJIU	
著　　　　者	翁宏国	
总　策　划	吴　迪	
责　任　编　辑	冯晓红　刘彦妮	
装　帧　设　计	刘　岩	
出　版　发　行	世界图书出版公司长春有限公司	
地　　　　址	吉林省长春市春城大街 789 号	
邮　　　　编	130062	
电　　　　话	0431-86805551（发行）　0431-86805562（编辑）	
网　　　　址	http：//www.wpcdb.com.cn	
邮　　　　箱	DBSJ@163.com	
经　　　　销	各地新华书店	
印　　　　刷	三河市燕春印务有限公司	
开　　　　本	787 mm×1092 mm　1/16	
印　　　　张	14.75	
字　　　　数	266 千字	
印　　　　数	3 001—5 000	
版　　　　次	2019 年 6 月第 1 版　　2020 年 5 月第 2 次印刷	
国　际　书　号	ISBN 978-7-5192-6341-6	
定　　　　价	45.00 元	

目录
CONTENTS

第 一 章

探索自我发展的方向

一、走上讲台前——从学徒工、船长梦到大学梦

我出生在全国最大的渔场所在地——舟山群岛，是在大海边上，海涂泥滩里摸爬滚打出来的土生土长的海岛人。

1. 艰辛的学徒工生活

时年17岁的自己，在高中毕业后，传承了父辈开山采石的学徒苦力劳作，经历了两年多时间近乎非人的学徒磨炼。原以为劳动做工不用读书，但是这种想法太幼稚了，我开始意识到什么是生活的艰辛。一个偶然的机会，本单位招收运输船员（当时称为"副业船"，当水手学徒工）。经过语文、数学笔试考试，我幸运地被招收为相对"轻松"的船上水手学徒。从此以后，我真正体验到了什么是"大风大浪"的锻炼。

2. 艰险的大海锤炼

由于当时气象预报条件的落后，运输船经常会突遇台风、雷暴之类的恶劣天气。有几次下半夜运输船突然面临强风雷暴，差一点儿翻船被海浪打沉……在白茫茫或黑漆漆的大海上，人是这样的渺小与无助。也正因为有这样艰险环境的锻炼，适逢当时规定所有副业船也都必须拥有驾驶人员资格证书，经过自身的努力，我又考取了"沿海500吨级"运输船大副（相当于船长助理）职位，时年19岁。虽然在理论、证书头衔上我成为一名大副，但是这一职位关乎十几名船员的生命和货物安全，在大海上安全航行可不是一件容易、轻松的事。我长期漂流往返于上海与舟山群岛的洋面上，在以后所遇到的几次险情中差一点儿葬身其中……每当在深夜面对风雨缥缈、变幻莫测、遥无尽头的大海时，我切身感到，生活在陆地上是多么的幸运、安全呀！正因为有了这种思想，我暗下决心，

要好好努力，争取到陆地去工作。

3. 脱离大海走向校园

经历学徒工的艰辛劳作，大风大浪的艰险磨炼，每当遇到困难之时，我就会自然而然地想起曾经在海上的种种险境，于是，积极去克服各种困难，内心有一种不服输的精神。同时，小时候一直埋在心底的、向往着成为一名画家的梦想重新燃起。我放弃当时丰厚的收入、让人羡慕的岗位，冲破非一般的艰难困苦，经过5年的坚持不懈、自学拼搏，最终踏进了师范大学的校门。

二、走近教育，走进课堂——从传统到传统的高中美术

20世纪80年代末，我本来是被留校的候选人，有一天，艺术系领导找我谈话，对我说："请回归大海，到大海里再去锻炼成长。"从大海里来，又被海浪冲回到大海边。留校是不可能了，结果我被分配到10多年前自己高中毕业的母校——海岛上一所重点职业高中工作。

从事高中美术教育后，笔者承担了职高班的班主任工作，兼音乐、体育、美术学科组长。这个职高班的学生是全市各个海岛上美术、文秘特长生。文化课全班不分专业一起上课，美术、文秘专业课分开上。我所承担的美术高考班教学任务，一周为12节美术专业课，另外还有班主任工作和音乐、美术学科组工作。初当教师我很兴奋，梦想着一定要把班主任工作做好。我有很多想法，有各种事要忙：组织学生成立篮球队、羽毛球队；外出写生；由于大部分学生远离家乡都是住宿生，我晚上要陪学生一起自习；周末，还经常带领、照顾外岛来的学生，购买一些他们喜欢的海鲜即时腌制，一起生吃（当地的习惯）。虽然工资很少，但是我感觉还是很开心、很快乐的。

进入高二，美术专业课的教学工作开始有压力了。我毕竟是"势单力薄"，就向学校建议利用假期组织部分学生赴中国美术学院所在地——杭州参加个人专业培训；组织参加假期培训的学生在开学时进行作品展览；以"走出去、请进来"思路，请市里有高考经验学校的指导老师来学校开展讲座、示范教学活动，以夯实基础课程。到了高三阶段，学校学科组提前与省内外的美术专业培训机构建立联系，组织有一定经济基础的学生赴外参加培训；邀请中国美术学院的教师来学校兼课，以减轻部分家庭困难学生外出培训的经济负担……这些思路与措施，在当时偏僻海岛职高学校教学环境下，得到了学校领

导和外岛同行的重视和好评。

1. 一次偶然谈话，改变发展路径

几年的职高专业教学、班主任工作，林林总总的杂物杂事，总结教育教学方面的经验，我没有自己的思想，只有美术高考辅导班教师的传统做法，也就是现在的流行语——"萌萌哒"时期。

尽管在同事、领导看来，短短几年工夫，我就把教育教学工作做得有声有色，其实自己的内心时常感到孤独和彷徨。每当空闲时，我常常会独自跑到学校附近的海滩边，凝视海浪不停地拍打着礁石，回想当年在大海上与死神拼搏过，一心想着为跳出贫穷落后的海岛，走向城市拥有城市户口，成为城市人的梦想。而历经12年的努力奋斗后，到现在，又被"海浪"重新冲回原点。回想起这些，此情此景，心情自然久久不能平静，思绪万千。

一次下班时间，校长主动找我谈话，对我在美术教学、班级管理、学科组等方面的工作表示肯定和赞赏，并说他没有看错人，他在我大学还没有毕业前一直关注着我的动向，是他打报告向省教育厅高教处把我调回来的……

原来如此！

2. 暗下决心，重新出发

12年的艰苦奋斗，一心想改变自己的命运，跳出贫穷落后海岛的梦想，又破灭了，内心真是不服。尽管在教育上学校很看重，委以重任，但是自己内心不想如此发展下去。20世纪90年代初，在提前做好一些计划和行囊准备后，经过艰难的长途跋涉和种种艰难困苦，我最终踏上了深圳的土地。

记得当时的深圳还正处在大建设时期，深南路也还没有建设好，往南山方向还有很多砖红土形成的山头，整条道路都是尘土飞扬。当时我应聘的第一个单位是坐落在深圳市博物馆影视厅里的"中国艺术经理部"。当其他应聘者还在挑选各种各样应有条件时，我就以最低要求，开始在这个"中国艺术经理部"的职位上落脚。在工作不到一年的时间里，我经人介绍进入了深圳市机关幼儿园任代课教师。

幼儿园，过去生活在海岛上，自己从来不知道也没有去过的地方，在近而立之年，却被意外地"补上"——这片既陌生又新鲜的幼教新天地。

三、走进幼教，走入小学——从幼儿美术到小学美术

1."补上"幼儿园——从零开始

从高中职业教育一下子跌到了幼儿园教育，我心理落差很大，不知道从何做起。开始时做打杂工：钢针刻字、手动油印、修理油印机；贴纸布置幼儿园环境；上午上课，面对那么小的幼儿，真的很不好意思开口说话，引得同事也一片哄笑，下午还需要教幼儿画画；等等。凡是体力活，我基本上都包了。同时，自己也在暗暗地观察其他教师是怎么样开展教学的，心里边默记，边学习，琢磨幼教美术教学，研究幼儿美术是怎么回事等。在深圳，当时幼教几乎还没有美术专业的"男教师"，同时自己在幼儿园的工作表现，也开始引起了同行的关注。自己一边自学，一边向同事主动虚心讨教，逐渐开始胆大起来，带头为附近机关幼儿园展示幼儿手工课，还不时地把幼儿的作业，作为幼儿园环境布置的重要组成部分，赢得了机关幼儿园同行的赞赏和肯定。同时，在领导的指导下，我积极参与南京师范大学屠美茹教授组织的儿童美术教育教学研究等，特别是在幼儿剪纸方面曾经在同行中有一定的影响。那段时期，我对自己的美术专业也一直不敢放松，一晃经过了7年的幼教时期。

2.探索在课堂与科研之间——从小学美术的平台上起飞

从深圳市机关第二幼儿园，到小学美术教育教学工作，又是一次教育历程的大转变。

一切都很陌生，一切都面临新的挑战。什么是说课，怎样说课，什么是课题研究等诸如此类的问题，都需要我"如今迈步从头越"。我开始暗下决心，选择向本校的语数英学科的精英们虚心讨教，认真学习。同时，由于自己过去练就的多做事，不怕困难，不计较的性格，凡是学校要求的事我都积极主动地去做好，凡是上级部门要求参加的各级各类活动我都积极带头参与，因此，受到学校领导、同事的好评，也荣获了各级各类荣誉，这也是我辛勤的付出有了肯定的回报。

3.找准立足点——发现问题，开始探索

（1）探索小学美术教育"玩中学，学中做"。"玩中学，学中做"是幼儿教育提倡的教学理念，被很多幼教者所认可。探讨美术教育教学"玩中学，学中做"，使小学生在低年级阶段的学生不会对学习失去兴趣，已经成为自己研

究探讨"玩中学，学中做"与教学关系的新课题。我收集学习儿童教育大家有关儿童美术早期教育教学活动的经典理论，如学习柏拉图"寓学习于游戏"的理论：柏拉图要求不强迫孩子学习，主张采用做游戏的方法，在游戏中更好地了解每个孩子的天性。柏拉图认为游戏是幼儿（包括小学低年段）自我表现的最高形式，强调应通过游戏来发展幼儿的想象力和创造力。尽管这种理论不适合所有的学科教学，但是完全可以在自己所从事的小学低年段的美术学科教育教学过程中开展探索。

（2）立足课堂，探索教学过程。我调入小学后，此时仍处于朦胧教育理念时期，恰逢国家新课程改革初期，我很荣幸地被邀请参与当时还没有公开的课程标准研制修正稿的讨论。正是借此机遇，开启了我积极参加新课程改革的征程。我利用自己曾经在儿童美术教学方面的初步优势，把幼儿美术教育"看、想、玩"的"三步"教学法，尝试在小学低年段（一、二年级）应用与提升，收到了一定效果。我还带头上小学美术公开课"造型游戏——玩沙"，开始进行研究性课程探索——"有趣的木棉花"。这些公开课例的设计与展示，在当时国内都还未出现过，后来我所撰写的文章、案例在2002年9月被《中国中小学美术》杂志发表刊登，12月被《中国美术教育》杂志第6期发表刊登，2003年被《美术报》《中国艺教导报》等先后发表。

（3）在实践过程中不断探索新问题。我在教学过程中发现，小学三年级下半学期到四年级这一阶段的学生，对美术的学习态度、认真程度有明显的"反叛"倾向，美术课没有以前那么好教了。虽然我也想方设法引领学生开展各种动手操作的教学活动，来激发学生的兴趣，但是学生的兴趣只能够维持很短时间。针对这一问题，我开始寻找学习国内外针对这一问题进行研究的书籍资料，想了解其中的缘由。通过查找资料学习，我发现，原来这一问题是学生在小学学习过程中所出现的转型期问题，也是世界各国中小学教育过程中普遍存在的难题。后来，在罗湖区教研中心教研员陈勇老师的引荐下，我请教了清华美术学院博士生导师常锐伦先生对此问题的看法，并在陈勇老师和常锐伦先生的指导下，进行了有关这一课题的研究工作，取得了一系列研究成果，也荣获了很多奖项。

4. 以研促教——主动承担课题研究

在陈勇老师的指导下，我开始参与承担国家级、省级和市级的课题研究工作。完成了由中央教育科学研究所学校教育研究部的刘万岑博士承担的国家级规划课题"九年义务教育学生美术造型能力培养"的子课题研究工作，并荣获中央教育科学研究所授予的"十五"期间教育科学研究所科研教改"先进实验工作者"称号。参与广东省"十五"期间"在研究性学习中师生共同发展——课堂教学研究性学习的探索"的课题研究，荣获广东省教育"十五"科研课题成果一等奖；2010—2012年期间，参加广东省"英特尔未来教育在中小学课堂中应用探索"课题组主研工作；本人独立承担主持的深圳市教育科学"十五"规划课题"小学美术教学评价研究"通过深圳市教科所专家组评审顺利结题。2009—2011年12月，参加了广东省与罗湖区共同承担的"构建基础教育美术教师专业知识体系及其评估模式研究"课题研究等项目。我在研究探索中得到了锻炼与提高。

四、从教初中——从小学美术再到初中美术

1. 拾级而上——初中美术教育梦想的再起飞

在从事小学美术教育时，我觉得到初中教美术会有一种进步的喜悦，但是真正到了教学初中美术的时候，这种喜悦竟荡然无存。因为初中学生不像小学生那样听话好教，特别是在八年级教学过程中，上美术课的学生甚至有一种反叛、对抗的倾向，他们把美术课当成做作业、放松的自由课。如果认真负责，那我就一直处于"生气"的状态，如果不管又对不起自己的教育良知。所以，从事初中美术教育教学更是一种长期的、新的挑战，任重而道远。目前，从罗湖区名教师工作室，到深圳市名师工作室的成立所开展的活动，正是为了研究中小学美术教育教学、教师专业发展等问题。

2. 停不下来——需要长期探索的初中美术

实践初中美术"学中做，做中玩"的理念。在经历了幼儿、小学和初中的美术教育工作后，我深刻体会到初中美术教育最具有挑战性和机遇。具有挑战性，是因为初中生自以为是"小大人"，特别是八年级，无论是哪个学科教师都感觉到这一学段的学生是最不好教的——学生存在一定的叛逆心理；遇到的机遇是，在有效调整中学生逆反心理的前提下，教师依据美术学科教材指引，开展丰富多彩的美术课内外的创意设计活动，边学、边玩、边做，帮助学生逐步加深理解艺术作品是表现艺术家思想情感的形式，从中也启发他们运用同样

的美术造型设计思维，表现自己真实的思想、感受，使初中美术教育既能够帮助学生缓解中考压力，使他们顺利、平稳地度过心理叛逆期，又能够分享艺术教育带给他们的快乐。

3. "长风破浪会有时，直挂云帆济沧海"

付出的艰辛，得到了丰厚的回报。我先后荣获"南粤优秀教师""广东省英特尔未来教育主讲教师"的荣誉和称号：深圳市优秀教师，深圳市美术学科带头人；深圳市基础教育系统"名师工程"中学美术学科名教师；深圳市继续教育课程建设首批入库专家；深圳市基础教育系统名教师；在深圳市教育系统迎接第26届世界大学生夏季运动会"UU五色花"活动中被评为"先进个人"；2014年被评为广东省英特尔未来教育专题课程培训优秀学员；2010—2013学年被评为罗湖区教育系统优秀教师，2013年9月被授予"深圳市罗湖区技术能手"称号；2014年9月被评为罗湖区优秀教师，被选为罗湖区名师工作室主持人；曾先后荣获罗湖区人民政府颁发的"罗湖教育突出贡献奖"、教育教学优秀成果三等奖、深圳市美术学科教育科研先进个人、深圳市名师工作室主持人等奖项。

2007年，经过考试（当时还需要考英语），我被深圳市教育局选派，参加赴美国蒙大拿大学的海外培训学习。海外的学习体验，为我的教育梦想又打开了一扇更为高远的新视窗。

五、憧憬教育"乌托邦"——回归课标探索核心素养再教育

1. 跨学科学习是提升美术文化核心素养的基础

由于美术学科有自己的专业特性，大部分美术教师在学校往往是"独行侠"——只顾自己学科教育的得与失。而事实上，要提升学生的美术素养，不能够与其他学科隔离开来，丰富的多学科知识更能帮助、促进学生的综合能力的提高与发展。这更需要我们去思考、探索，既突出自己学科专业教育的特点，又要培养学生在文化艺术综合与创新思维、问题解决等实践方面的能力，进一步深化课题研究。

2. 初中美术教育现状引发的忧虑

（1）初中阶段艺术课程有待真正落实。我在开展对初中学校艺术教育教学、课程设置的调研过程中发现，三年的初中美术课程实际上只落实了两年

（七、八年级），九年级美术课程往往是"挂羊头卖狗肉"，很难落实。有的学校在九年级则采取变相的方法，即运用对美术、音乐特长生的辅导来代替九年级学段正常的艺术课程。凡此种种，都是对《中华人民共和国义务教育法》执行的变相应对，剥夺了全体学生接受艺术教育的权利。

（2）初中阶段艺术课程实施缺乏实效监督。艺术学科被语数英等主课随意挤占的现象经常发生，再加上任课教师的随意或无奈，实际上，初中学生缺少接受艺术教育的时间和空间。

3. 对教育部门建言献策，意见被部分采纳

（1）加大监督检查艺术课程执行情况的力度。建议上级部门监督初中学校落实艺术课程的情况。教育行政部门可以用突击、推门检查等形式，对目前的初中学校艺术教育课程执行情况进行检查，以便了解最真实的现状。

（2）加强初中艺术教师队伍建设，提高教育教学水平。目前对初中美术、音乐的艺术教师队伍的建设和培训工作与其他主要学科相比相对滞后，有的初中教师对新课程改革不太了解，甚至是我行我素，有抵触情绪。

（3）学校建立艺术课程教育教学效果的评价考核制度。学校教导部门定期或者不定期监督和检查课程教学效果，随时推门听课，了解学生对艺术课程学习的反馈信息。对没有执行课程教学或者有课无教、教学效果很差的教师进行通报批评。

（4）艺术学科教师需要享有与主课教师平等的待遇。对于学校工作兢兢业业，主动为学校承担各项任务的艺术学科教师，学校在待遇方面应给予平等待遇。

4. 展望未来，任重而道远

回眸曾经走过的教育之路，憧憬未来发展的教育征途，"让师生分享艺术教育带来的快乐""培养年轻教师健康快速成长"，已经成为我教育"乌托邦"的精神梦想。无论是现在主持开展的罗湖区名师工作室，还是已经开展活动的深圳市名师工作室，我都身体力行，践行着大教育、大文化、大爱无疆教育的新理念。

第 二 章

从幼儿美术教育的过程开始

引用美国前任教育部长邓肯在任时的一句话，他说一生从事教育工作，终于明白了教育的六个真谛，其中首先提到的是"我们能做的最好的投资，就是高质量的幼儿教育，没有什么能够比给我们的孩子最好的人生开端更重要的了"。

我引用这句话，最主要的原因是，自己来深圳获得的从事的第一份体面的正式的工作，就是幼教工作；而这样神圣的职业，在当时和后来的很长一段时间里却长期被看不起，甚至处于要被排除出教育领域的艰险困境。

一、接触幼儿美术教育

20世纪90年代初期，由于自己在原来的浙江省岱山东沙中学从事高中美术教育工作，主要负责来自全市不同区县的高中文秘生、美术高考学生的升学工作，对于幼儿美术没有接触，更谈不上开展幼儿美术教学工作。在刚刚进入幼儿园工作时，我对何为幼儿美术教育根本不懂。只知道，每个幼儿都是很可爱、很好玩的，对各种事物都非常感兴趣，什么都愿意去碰，什么都愿意动手做。但是，对用美术涂涂画画，手工剪剪贴贴的形式，又是为何表现，如何去表现，对周围事物怎么样去感知、理解，抒发内心情感，作为一个高中美术教师，我什么都不懂。

我还清楚地记得，当时深圳市的幼儿园除深圳市妇女联合会直属的6所深圳市机关幼儿园，还有一些很有影响力的幼儿园，如深圳市实验幼儿园、深圳市教育幼儿园。当时幼儿园之间也经常互相交流，观摩学习，虽然，不是针对美术、音乐之类的观摩。记得我曾参观了一个非常著名的幼儿园，在观摩教学休息时间，我参观教学楼小中大班级，看到教室班级门口的走廊里，张贴着不同幼儿的绘画作品，其中有一个主题为"可爱的长颈鹿"。每张作品，都有一些侧面直立的长颈鹿，长颈鹿的头部几乎都朝着同一个方向，左右两边，都种着树。比较每一张作品中长颈鹿的造型、涂色及背景内容，发现了作品背后有教师示范画的影子。虽然这些作品中的长颈鹿都画得有模有样，无论是涂色，还是其他方面，都相当不错。但是，当时看了以后，就有一种说不出的感受：只看这些作品，好像全部是幼儿所涂所画，但实际上给人的感觉是没有幼儿自己快乐、有趣、好玩的真实感受。由于我也要承担同样的辅导幼儿参加各种各样的美术作品比赛的任务，在当时的辅导过程中，也或多或少地会用成年人的思维去指导幼儿的绘画，久而久之，也就对这些现象见怪不怪了。

二、认识幼儿美术

为了在幼儿教育教学的大环境中，更加快速地认识与了解幼儿美术教育教学，除初期从事一些幼儿园的环境布置，做一些日常的打杂工作以外，我有意识地开始自学一些专门介绍幼儿美术教育教学方面的资料。我从当时的深圳市图书馆借读有关幼儿美术方面的书籍进行学习，逐步开始认识幼儿美术，走近幼儿美术教育。当时的书籍对幼儿美术的解释是幼儿所从事的造型艺术活动，是对周围世界的认识。书籍特别介绍了3～6岁学龄前幼儿所从事的美术活动。这些活动从种类上说，大致可以分为绘画、手工和美术欣赏等。就绘画而言，从使用的工具、材料及表现形式上区分，还可以分成蜡笔画、彩色铅笔画、粉笔画、水墨画、色彩水笔画等；从性质上区分，可分为命题画、想象画、故事画、填色画；从完成形式上分，可分为集体合作、个人独立完成等；从内容上区分，可分为抽象画、情景画、想象画、装饰画等。手工活动主要是手工制作，包括搭积木和简单的欣赏活动等，欣赏包括对各种造型艺术作品和具有美学特征的环境欣赏。（这些是我当初对幼儿美术的最初印象。）

三、儿童美术与成人美术不一样的感受

美术，对于儿童和成人是完全不同的概念。就成年人来说，美术这个词具有严格的内涵，它意味着博物馆墙上的画，不修边幅的画家，逼真的复制品，艺术家的海市蜃楼和文化名流等。美术造型，被普遍认为是高雅的东西，是人类视觉意象的生活化，是人类智慧的结晶。

对于儿童，特别是学前幼儿为什么喜欢绘画的研究，我国幼儿教育家陈鹤琴先生的"刺激—反应"说认为，"小孩子喜欢画图，并不是内心有一种天赋的冲动，而是受到了外界事物的刺激，在其脑子里留下了一个深刻的印象，于是借画图表达出来"[1][2]。也就是说，美术绘画，首先是受"外界事物刺激"引起的一种好玩、有趣、随心、随意的游戏型表现活动。在幼儿发展的过程中，不同年龄段的幼儿，对外部世界的认识和理解是不相同的，表达自己的情绪和情感的方式也是有差异的。经过收集、学习国内外幼儿教育专家对幼儿教育的经典研究，我了解儿童不同时期绘画的特点。涂鸦期（2～4岁）：这个阶段的幼儿喜欢各种各样的涂鸦，不一定有目的、有内容，就像喜欢做游戏一样。象征期（4～6岁）：这个时期的幼儿绘画有时要与他们交流，才能了解到他们在画什么，他们也把画画当作喜欢的游戏。图式期（5～10岁）：也叫高峰期，是儿童表达对世界看法的黄金时期。这个阶段的儿童绘画兴趣浓厚，想象力、创造力达到其人生中的最高峰。在这个时期，辅导教师要不断地引导儿童观察生活、留心生活细节等，尽量引导儿童大胆地去表现自己的所思所想。转折期（11～13岁）：也就是到了小学升初中阶段，这个时期的儿童虽然有了写实的倾向，也注意了绘画的比例、结构透视，但画出来的作品反而没有了情趣，失去了儿童画的生动。这个阶段，如果引导不正确，会使儿童在这个时期丧失绘画兴趣，所以，这一时期被称为"转型期"。

在认识、了解儿童绘画发展过程的基础上，再去欣赏儿童的绘画作品或者手工作品等，就会有更多的理解。儿童丰富的情感，不能够运用语言来表述，而是将绘画作为表达自己情感的一种途径。如果成人依据自己对于美术作品好坏的标准来衡量，其结果只会埋没了儿童的创造性。而儿童美术作品的珍贵之处，恰恰就在于不受任何规则的限制，不用考虑逻辑和比例。正如大师毕加索所说："我毕生的追求，就是要像儿童画一般纯净。"正是因为儿童美术是儿童发展的一种表现形式，儿童美术作品，有时被人们用作衡量儿童动作、认知情感和人格发展水平的指标，所以，成人在看儿童美术作品时，要多站在儿童的角度，用欣赏和发现的眼光来评论儿童的绘画作品。

---

[1] 陈鹤琴.陈鹤琴教育文集［M］.北京：北京出版社，1992：526-527.
[2] 摘自原深圳市教学研究室幼教教研员肖湘宁文章。

四、儿童美术教育的过程问题

儿童美术教育的过程问题准确地说，是儿童早期的美育问题。在西方没有早期的美术、音乐教育之分，统称为早期艺术教育。只有在中国有幼儿美术教育、音乐教育等。以往这种早期艺术教育，只是在幼教教育专家所翻译的早期幼儿艺术教育的点滴书籍资料中提及，但也没有专门针对幼儿园美术教育进行研究的，都是一些在幼教研究过程中所表现出来的幼儿学习艺术。例如，陈鹤琴先生在研究中国早期幼儿教育过程中，专门以自己的几个小孩对艺术（美术、音乐）的感受为个案进行特殊研究，对中国现代儿童艺术教育起着重要的引领作用，但不太具有普遍性。而介绍国外幼教艺术教育的专业书籍就比较丰富了，如意大利蒙台梭利等人大都是对幼儿到儿童少年期间，整体发展上的专业研究，很少辟出艺术教育进行研究。又如美术教育方面的书籍，如20世纪90年代初期，由湖南人民美术出版社尹少淳、侯令主编的《美术教育译丛》，其中的"少儿绘画辅导探索""儿童的知觉与视觉的发展""通过艺术的教育"和"对美术教学的意见"等，分别介绍了阿恩海姆、里德等一大批国外少儿艺术教育专家关于少儿美术教育的见解。这就为后来将儿童美术教育引入幼儿美术教育和小学美术教育，甚至到中学美术教育，起到了一种引领的作用。

那么，国外的儿童美术教育，是否真的像书本中所介绍的那样呢？其实，国外的儿童美术教育也不是在全国范围内都能普及的儿童美术教育教学过程中提炼的，而是在学校学科教师的教学过程中体现出来的。我于2007年赴美国蒙大拿州米苏拉市的蒙大拿大学培训学习，以美国西北部的美术教育为例，近3个月的培训学习期间，我特意深入考察了当地的学前教育在学前班、小学低年段如何开展早期儿童美术教育。经过考察比较，我发现，美国西北部蒙大拿州米苏拉市学区的学前教育更多地是以幼儿的游戏活动为主要学习形式，与1994年版的《美国国家艺术教育》前言中所提到的"我们帮助儿童，实现人性的完整。我们深信了解艺术和艺术世界，对儿童精神思想健康发展是十分重要的"要求相一致。而我们深圳地区的幼儿教育虽然也是以游戏引领活动，但是更多、更早地渗入了文化知识。

五、绘画是幼儿表达自己情感的另一种语言

实际上，幼教专家的研究成果证明，涂涂画画是幼儿表达各自情绪的另一种语言。特别是语言发展尚未成熟，文字书写还根本不会的幼儿，经常会借助涂涂画画的绘画形式，表达自己内在的感受和想法。许多研究幼儿艺术的学者特别强调，创造性与自由表达，是幼儿艺术发展的重要高峰期。因此，作为幼教美术教师，在幼儿艺术发展中所扮演的角色并非是教导者，而是引导者。幼儿园3～6岁阶段，有3～4岁小班，4～5岁中班，5～6大班的区别，所以对于每个年段的美术教学活动，都是不一样。而本人主要从事的是小班、中班和大班下午的美术教学活动，即与现在的中小学活动课程相类似。20世纪90年代初的幼儿园，能够有这样的课程，还专门配备了专业的美术教师，也收取一些较少的材料费，在当时，这种做法还是比较少的。现在看起来，幼儿园小班、中班和大班的课程设计，也仍然保留着类似的活动课，只不过收费标准更高了。

根据幼儿园每月主题开展各项活动。具体来说，就是上什么课程的问题。这需要根据幼儿园每学年的整体教学计划，分别在小班、中班、大班分主题设计。一般都是以主题游戏活动为主要形式开展。例如，以小班美术游戏活动为例，多以春天来了为主题，画小草"站"出了地面，小花朵开始"红"了脸，有开心地笑了的，也有不高兴就哭了的……那么表情又是怎样画的呢？让幼儿有观看成年人的作品，也可以让幼儿互相看彼此的表情……画画的工具也是各种各样，有用彩笔、蜡笔的，也有用水粉颜料、水墨和毛笔的等。小班、中班的兴趣班活动课，与其说是画画课，不如说是教师领着孩子做一些涂鸦游戏。细心观察幼儿的涂鸦过程，幼儿都是非常开心、好玩的，他们也非常投入，涂鸦过程是非常可爱的游戏过程。

开展这种活动在当时也有很大的争议，即对于幼儿期的绘画涂鸦，是否需要美术教师的引领和辅导，怎么辅导……当时自己也只是凭着对儿童美术教育粗浅的感受，尝试着让幼儿大胆地绘画，并对此美术教学过程进行了探索。

1. 营造出轻松的游戏环境，保护好幼儿玩与学的兴趣

幼儿对画画很有兴趣，在动笔画画时思维很活跃，从不考虑技能如何，画画不计较后果，画出的图形大胆、生动，自我感觉良好。作为教师，保护好孩子的这种感觉，也就保护了这一时期幼儿的创造精神。教师是要培养幼儿的

手、眼和脑的协调性，从而从小培养他们的自信心。鉴于此，本人引领幼儿一起做游戏，先从玩游戏开始，再引入美术活动；运用音乐、优秀绘画作品等，激发幼儿表达自己所思所想的欲望。如先说一说，空手比画比画，营造出教学活动轻松的环境后，再开始进行绘画创作。这样的过程，能够充分培养幼儿的艺术思维，提高这个时期幼儿的艺术创作能力。

2. 给幼儿提供多样的绘画工具和材料

当时作为一名幼教美术教师，本人有一种简单朦胧的思想，认为美术活动应该有多样的绘画工具和材料，引导幼儿去尝试，以刺激他们的操作欲望，让他们在"玩工具""玩材料"的过程中积极参与美术活动。这种美术活动是一种手、眼、脑并用的实际操作活动，能促使幼儿进行创造性的游戏活动。因此，当时本人设法为幼儿提供了不同的绘画工具、材料，如油画棒、蜡笔，彩色水笔、毛笔、水粉笔；棉签、粉笔；水粉颜料、水墨、宣纸等。无论何种工具、材料，都是为了激发幼儿运用感官进行探索和操作的欲望，表达出真实的情感。

3. 以游戏情境丰富与生活相联系的主题活动

本人教学时，也多与幼儿的家长联系交流，设法多带孩子接触自然、公园、动物园，商店、街道和展览馆等幼儿可以理解的自然环境和社会环境；平时为幼儿选择一些适合他们的不同风格的图书和影视节目，给他们讲解，引导他们观看，以丰富幼儿的日常生活经验，扩大其知识面。同时，多与幼儿谈论他们的生活状况，如家庭、小伙伴等，让他们回忆生活中有趣的事，以丰富幼儿的思想。而作为美术教师，需要根据幼儿园的教学计划、教学主题，结合幼儿自身的一些生活体验，如"讲卫生，饭前要洗手""爱护小花小草""交通规则要记牢"等，采用情境、游戏的形式开展主题绘画活动。通过这样的美术活动，大大丰富幼儿美术教育的表现题材和提高幼儿的表现能力。

4. 评价幼儿作品，多鼓励、多表扬

作为幼儿园里唯一的男美术教师，每次开展美术活动，我都会为每个幼儿的小作品准备一句鼓励和表扬的话。在幼儿绘画活动完成后，和幼儿一起高兴地欣赏作品，引导幼儿说出画的是什么，同时多鼓励、多表扬。对大班阶段的美术绘画活动，也适当地提出一些小建议等。总之，幼儿教育，无论是绘画，还是其他教育，都是为了帮助他们获得学习生活和健康成长的一种体验，使他们感受到早期的幼儿教育（包括美术活动在内的学习乐趣，思想行为习惯的养成），从而自然地增强自信心，充满对未来生活的美好向往……

"当我们把美术活动作为幼儿表达他们对自己和世界的感受、情感和思想的另一种语言时，就可以真正了解幼儿在想什么、做什么，和他们进行心灵上的沟通，这样才能真正做到以尊重的态度对待每位幼儿，鼓励他们表达自己的情感和意见，理解和欣赏幼儿的作品并保护他们的创作热情。"[1]

---

[1] 摘自原深圳市教学研究室幼教教研员肖湘宁文章.

第 三 章

探索小学美术教育新思维

小学美术教学的困惑与思考

——对小学中、低年段美术课堂教学过程中出现的问题的新思考

　　小学生喜欢美术课，喜欢涂涂画画、折折叠叠。儿童时期那种大胆、无拘无束的幼拙线条；稚趣童真、直面人性的夸张造型；对比强烈的色彩表现；小巧玲珑或粗糙概括的手工，无不折射出儿童对现有生活的自我映象。艺术大师们，都想从中悟出人类艺术的真谛……

　　然而儿童这种珍贵的艺术经历似乎太短暂了，有时短暂得连教学者都不敢相信，甚至怀疑我们的教学是挖掘了儿童的这种潜力，还是阻碍了这种潜力的发展？

　　这种困惑时隐时现，在日常美术教学中，也常常激起我的思索。

　　困惑之一：学生学习美术由低、中年段的积极、主动参与，转向高年段的消极、被动、回避

　　学生学习美术积极主动具体表现在低、中年段的美术课堂上。当教师把教学过程展开时，整个课堂的师生互动气氛会显得很活跃。从学生的作业或练习中，始终能感受到学习的趣味性、主动性、探索性，尽管最后的学习效果会因学生的能力而不同，但仍体现出学生主动学习的精神。高年段美术课在纪律上明显好于低、中年段，但却失去了学生主动学习的氛围，学生失去了对不明问题的质疑、提问的勇气和信心，因而谈不上创新。整个学习过程，尽管教师积极、主动引导，但学生仍是在消极、被动的状态下进行学习的。这样的课堂表

17

面看起来也有师生互动，实际上却失去了学生的探索和创造。以美术欣赏课为例，教师都有同感，小学欣赏课比较难上好。难在既要把握知识点，又需师生互动和最后评价。我分别听了多节低、中、高年段的欣赏课，并对其中三年级和六年级的两节欣赏课的学生参与情况做了如下记录（见表1）。

表1　三年级、六年级两节欣赏课的学生参与情况

年级	积极举手发言	多次举手发言	能想象、联想	有独特想法
三（1）班（57人）	43人	四次以上18人	15人	7人
六（4）班（52人）	8人	两次以上5人	4人	2人

从以上表中我们可以看出，六年级学生积极举手发言，能想象、联想、有独特想法的人数，远远落后于三年级学生。相比之下，学生学习的积极性、主动性、参与程度也低。

困惑之二：学生对美术课的兴趣、信心，随着年龄的增长逐渐减弱

小学阶段是儿童最感兴趣、最富创造性的阶段，被专家称之为"黄金时期"。教师面对的是一群天真可爱的小学生，他们通过自己的感知、想象、思维、情感、兴趣、创造等一系列审美体验，实现自我审美的心理需求。

从心理发展、审美的角度来看，小学生学习美术的各种审美因素，随着年龄的增长、知识的丰富、经验的增加，应该呈现阶梯形递增状态：感知觉更加灵敏，想象力、情感更加丰富；思维更加敏捷；兴趣更加广泛；创造能力逐步提高。但在现实教学中，学生的审美心理、审美能力，学习美术的兴趣、信心却呈下降趋势。以学生是否喜欢上美术课为例，我通过问卷调查的形式，调查了1300名小学一至六年级的学生。结果（见表2）表明，小学生随着年龄增长、知识增多，学习美术的兴趣、信心向相反方向发展。

表2　调查结果

调查内容 年级	非常喜欢上美术课	一般性喜欢	不喜欢	其他理由
一年级4个班	97%	3%	0%	0%
二年级5个班	95%	4%	0%	1%
三年级4个班	93%	4%	2%	1%
四年级4个班	74%	13%	8%	5%

调查内容 年级	非常喜欢上美术课	一般性喜欢	不喜欢	其他理由
五年级3个班	68%	15%	11%	6%
六年级4个班	60%	17%	13%	10%

从以上调查表可以看出，一至三年级学生学习美术的兴趣比较高、信心比较足。从四年级开始学生学习美术的兴趣逐步向下滑落，尤其是不喜欢上美术课的比例明显上升。

另据北京市的一家教育研究机构对多所小学的抽样调查表明，小学生最喜欢上的课，分别是体育课、自然课、电脑课，而美术课排在倒数第二名。我们且不去追究其准确程度，但从本人亲自做的调查和美术教学中的现实情况来看，学生对美术的兴趣、信心及审美心理、表现能力与年龄增长、知识增多明显有差距，而且这种差距在逐渐加大。这不得不引起我们美术教育工作者的深思。

究其原因，我认为有以下几个方面。

1. 学生的心理发展、知识结构随着年龄的增长发生变化

"怕羞""怕被别人笑话"的心理压力剧增，以往那种"愿意说""敢说""不怕丑"的主动性学习，逐渐演变成"自己不想说""听别人说""听老师说"的被动性学习。那种充满童趣、无所顾忌、尽情表现的审美意识与审美能力逐渐退化，长此以往，导致学生对美术的学习失去兴趣和信心。

2. 美术课的"杂课""副课""非工具课"的观念加深，语数英的"主课""工具课"的地位更加突出

（1）学校观念。尽管现在注重素质教育，但学校领导受办学要突出重视语数英"主课"，和要考虑学校的生源、实际效益及办学环境要求等因素的影响，使美术课作为"副课"始终得不到重视。

（2）教师观念。其他学科的教师对美术学科缺乏足够的认识。一部分教师把美术教育看作一件已成型的可使用的"工具"，需要它时离不开，不用时不爱护，甚至认为学习美术要靠天赋，只有有天赋的人才能学好美术，忽视了对普遍性的审美能力的启迪与培养；有的只相信本学科对学生以后成长、发展的重要性，忽视了美术教育对学生各种能力的培养，忽视了在实施素质教育，培养创新型人才中美术教育的巨大作用。

（3）家长观念。家长在整个社会环境（学校教师，周边亲朋好友）等一系列因素的影响下，尽管在一至三年级允许自己的孩子选择学习美术，但到了四年级，特别是当自己的孩子与其他学生在语数英分数上有差距时，首先想到的是放弃美术"副课"的学习，补上语数英"主课"成绩，把孩子的那种童真、稚趣的审美心理和审美能力逐步扼杀掉了。这不能不说是一种遗憾。

3. 学生学习美术"副课"的时间越来越少，机械重复式的"主课"作业越来越多

尽管教育主管部门强调给学生减负，但从三年级下半学期开始，学生的作业量明显增多，各种各样的竞赛频繁举办，学生应付各种竞赛、考试，重复的作业、机械性的练习的时间也随之增多。尽管每周有两节美术课，但在时间安排上又缺乏整体性，使学生的练习或作业得不到较好的完成。甚至有的"主课"教师为应付检查、考试，经常占用美术课的时间。久而久之，学生对学习美术知识逐渐失去兴趣和信心，更谈不上审美能力的培养了。

4. 美术教师对教学驾驭不当，也是导致众多学生对美术不感兴趣、失去信心的重要原因

从以上调查的统计表中可以看出，一至三年级学生对美术的学习符合自己的兴趣。想象画、记忆画、折纸、贴纸画、色彩等一系列学习内容，正符合他们这一年龄段的身心发展需要和能力培养需要；四至六年级，学生的学习需求不够，而教师又没能及时调整"转型期"的正确引导，使学生产生一种心理"失落"感。以四年级为例，在目前使用的教材中（广东岭南版），从四年级开始，手工制作明显增多，手工材料的准备又是件繁杂的事。有的教师为了避免这种麻烦，往往让学生自己带材料，但相当一部分学生完成不了；有的教师干脆挑容易的课来上；有的学生在一至三年级喜欢"自由画"，到了四至六年级由于没有得到教师的正确引导，演变成东抄一点儿西凑一点儿的"综合画"，使自己原有的粗浅的审美感受逐渐退化，因而也丧失了学好美术的信心和审美能力。

综上所述，造成学生对美术课失去兴趣、信心，创造能力后劲不足的原因是多方面的，但最关键的还是美术教师本身。从小培养小学生审美心理、审美能力的良好习惯，是每位美术教育工作者的责任，需要我们共同去研究、去探索。

如何使小学美术教学成为学生感兴趣、有信心去学的课，使之成为提高学生审美能力的有效途径？我认为需从以下几个方面去思考、探索：

（1）教师要多了解和研究三、四年级小学生的心理发展特征、知识结构的变化，及时做好"转型期"学生学习美术的引导、辅助工作，变消极因素为积极因素。

（2）正确看待优生和学困生的发展，这是关系到能否使学生保持对美术课的兴趣和信心的关键。每个学生的能力都有强弱之别。审美能力强的学生，自然能展现其多种能力；审美能力较弱的学生，教师需要付出更多时间和精力，多对学生提供展现其能力的机会。特别是创造性作业，要更加关照能力弱的学生。因此，教师只要坚持不懈地面向全体学生，正确评价优生和学困生的进步，就能使其审美心理、审美能力各有发展和提高。

（3）从小注重学生的个性培养。这是关系到学生日后是否有创造意识和能力的又一关键。新世纪的个性化教育要求学生必须掌握日后所需的思考与学习能力，必须具备强烈的学习动机、创新能力、合作精神和利他精神。因此，从小培养学生的个性显得非常重要。

（4）正确看待教学过程中出现的有些乱的现象。教师都有这样的经验，教学中特别是公开课时，最怕课堂纪律出现乱的现象。我认为，课堂教学最重要的是，要看学生是否能够主动学习、积极探索。如果体现了这种主体学习的精神，课堂上出现一些乱的现象，总比课堂教学中死气沉沉好得多。

5. 灵活运用教材，拓展学生学习美术知识的途径，提高学生的审美能力

拓展学生学习美术知识的途径如运用录像，介绍国内外的美术博物馆；有条件的学校带学生参观当地附近的文化场所；请有名艺术家讲课，使学生感受学习美术所带来的乐趣和美术的实用性，从而激发他们学习美术的兴趣和信心，提高他们日后的艺术修养和整体素质。

学生是国家的未来，民族的希望。抓好美术基础教育，提高教学质量，培养21世纪的创新人才，对美术教师来说任重而道远。

造型游戏——玩沙，玩出童年的感受
——探索小学低年段美术教学新思路

孩童时代人人喜欢玩沙。把造型游戏——玩沙与小学美术活动结合起来，突出现代教学的自主学习、自主探索、自主创新的精神，从小培养学生对美的感受、美的造型意识，我在这一活动中做了有意思的美术教学尝试。

一、玩沙——学生的乐趣

玩水、玩泥、玩沙是孩童时代的趣事。小学生喜欢把水、泥、沙这些自然物当作玩耍、游戏的内容，这正符合此阶段学生的身心发展需要。

做父母的都有这样的经验和体会，如果带孩子外出到海滩游玩，除了戏水、玩水以外，孩子都喜欢在海滩、沙滩上堆塑像、玩沙，进行各种各样的"创作"，用沙子做自己喜欢做的事。这种过程，不正是学生天性的"原汁原味"的流露吗？

二、玩沙——学生的情感

生活在乡村的小学生，玩泥、玩沙是他们重要的游戏内容（由于乡村学生缺少玩具），但对于生活在大城市的小学生来说，缺少的不是各种各样的玩具，而是在校园里与大自然接触的机会。玩沙游戏正满足了小学生接触自然的兴趣需求。这种需求既体现在学生玩沙的操作过程中，更融入了他们的思想情感。学生从一开始手（甚至脚）与沙子颗粒的接触、摩擦中体验各种触觉，到运用辅助材料体验玩沙与其他材料组合的感觉，再到最后完成自己所感所想的形象体验玩沙的快感，始终处于快乐、好玩、有趣的情感体验过程中。

三、玩沙——新的特点

学生小时候玩沙，喜欢玩挖"地洞"、堆"雪人"、筑"水库"、修"公路"等，这样的玩法称之为"干"玩，玩多了就会失去新鲜感。把玩沙活动与美术教学结合起来，经过教师的精心设计、指导后的玩沙活动，更多地突出了趣味性、探索性、创造性。在"干"玩的基础上，增加了"干湿"综合玩法。所谓"干湿"综合玩法，就是充分运用活动前准备好的辅助材料、工具，在沙堆和沙堆围起来的水中，进行玩沙造型活动。

这些辅助材料包括塑料小玩具（动物、人物、机器人、小汽车等），海螺、贝壳、树叶、鹅卵石等，各种环保塑料瓶、瓶盖、废旧彩笔等。辅助工具包括塑料小桶、塑料耙和铲等。这些辅助材料，不但可以在干沙堆中堆塑、造型，而且还可以借助工具，挖出"地沟"或"水库"，再灌入水并配以辅助材料，在沙堆的水中玩，这就大大丰富了学生玩沙造型的内容，给学生借助材料进行自我表现、创作，提供了更多的选择。

四、玩沙——美的造型

与绘画、手工相比，玩沙既具有两者的优点又有两者无法比拟的好处。首先，它比绘画、手工更容易掌握，学生更有兴趣，人人都能参与，更能体验到成就感，很少有画不出或做不好的心理障碍。其次，玩沙不但可以在沙地上自由描画、自由堆塑，而且更能运用辅助材料、工具，进行各种各样美的探索、美的表现、美的创作。立体的或平面的造型，在玩沙中都能得到充分展示，从而达到培养学生美的意识的目的；最后玩沙活动既可以展示学生的个性、独立的操作能力，又可以体现互相协商、共同合作的精神。

五、玩沙——引出更多的思考

现代的教学理念，重在发挥学生主体参与，主动学习的作用。通过造型游戏—玩沙这一教学活动，得到这样的启示：在现代的美术教学中，教师要把学生喜欢，学习内容能接受，与学生最富有情趣、最贴近生活、具有表现力和创造力的教学活动结合起来，提高学生的学习兴趣，使学生在玩中学，在学中思考、表现；教师要真正体现自己是学生学习的"引导者""好帮手""好朋友"的现代教学思想，使学生在教师的引导、帮助下成为驾驭自己学习，自主发展的小主人，而不是只停留在口头、表面形式上；教师要把技能技巧看得轻一点儿，而把学生欣赏美、感受美看得重一点儿，并能自始至终地坚持下去。

玩沙，玩出童趣，玩出美的造型，更能玩出童年的快感！

附：

"造型游戏——玩沙"教学设计
——探索小学低年段美术课堂教学新思维

本课例适用于中等、落后、发达各地区的乡村小学、城市小学的一年级下半学期或二年级上半学期的美术活动课。

一、教材分析

本课例的最初设想是2000年1月7日，在深圳市实验中学礼堂，听华东师范大学艺术教育系钱初熹博士所做的题为"中日中小学美术教育课程构造与指导方法的比较"的报告后受启发想到的，后经本人多次修改，最后确定设计教案并在一年级（下半学期）美术课中进行了初次试验，收到了较好的教学效果。后本人又对设计教案经过多次调整并实施，使本教案逐步得以完善，并能运用于实际教学中。

本课例具有以下几个特点。

1. 趣味性

孩童时代人人喜欢玩泥、玩沙。对于生活在乡村的小学生，玩泥、玩沙更是他们重要的游戏内容（由于乡村学生缺少玩具），但对于生活在大城市的小学生来说，缺少的不是各种各样的玩具，而是与大自然接触的机会。玩沙游戏正满足了小学生接触自然的兴趣需求。

2. 新颖性

学生玩沙，重点在于让学生轻松地玩（除侵害性行为外），不事先设定主题。活动主题由学生自己根据材料或具体情境想象制作。当学生遇到难题或麻烦时，教师与之交谈并商量，共同克服困难。教师有趣、生动的引导和启发（如运用各种大小、颜色各异的瓶盖，各种贝壳、海螺、鹅卵石、树叶、饮料罐、塑料玩具等，使玩沙游戏变得更加丰富多彩、有趣；丰富的材料准备），更能发挥各自的想象力和创造力。

3. 情感性

这种情感性始终体现在学生玩沙的过程中。学生从一开始手（甚至脚）与沙子颗粒的接触、摩擦中体验各种触觉，到运用辅助材料体验玩沙与其他材料组合的感觉，再到最后完成自己所感所想的形象体验玩沙的快感，情感始终处于快乐、好玩、有趣的愉悦体验中。

4. 简便性

本课例更适合乡村小学和中等城市小学教学。尤其乡村学校更容易办到。城市小学可以利用上体育课跳远用的沙池，也可以运些沙子堆放在一个角落，上课前先用水洒湿后，再分发给每个人，放在事先准备好的纸板或其他夹板上就可以玩沙造型了。在上课前，根据班上实际人数，可以分成几个小组分别进行玩沙游戏。

二、教学目的

引导学生进行主体性学习。

三、教学目标

认知：通过玩沙造型游戏，使学生在玩的过程中，学会观察、记忆、创造的简单方法和能力，培养学生的个性表现、创造意识和合作精神。

操作：学习运用多种材料，自己发现独特的表现方法，创作一件充满童趣、表现自我的玩沙作品。

情感：在玩沙活动中，通过手、脚与沙子的接触，辅助材料的组合，达到愉悦心情、发挥创造潜能的目的。

四、教学重点与教学难点

重点：在玩沙过程中表现自己的感受，培养学生的创造性思维。

难点：把丰富的联想、想象融入玩沙过程，并能借助其他辅助材料、工具进行堆塑、情境造型。

处理方法：①教师有趣的引导、启发；②教师与学生的交流沟通；③学生互相协商。

五、教学课前准备

①塑料铲、桶；②多种鹅卵石、贝壳、树叶、动物玩具等；③各种盖子和饮料罐、塑料瓶等分别用塑料筐装好；④几幅表现情境造型的图片；⑤必要的

纪律要求，由于要排队到沙池，要提前几分钟进入上课场地；⑥准备几个可供学生洗手的桶。

六、作业要求

运用手（或脚）操作，并能借助辅助工具和材料，创作一件有趣、好玩的玩沙作品。

七、教学地点

学校操场沙池或其他放置沙的地点。

八、教学步骤

（一）引入课题

（学生分成几排，半圆形围着老师坐下；老师面向全体学生席地而坐。）

师问：同学们，你们有没有玩过沙？

生答：玩过，在海滩上、在路边……

师问：你们觉得玩沙有没有意思呀？

生答：有意思，很好玩！

师问：现在，老师带你们到这里就是让同学们来玩沙的！好不好啊？

（学生立刻欢腾起来）

（二）展开新课

1. 师生谈话，引起学生兴趣

师问：你们平时或者以前玩沙，是怎么样玩的呢？（请几名学生回答）

生答：堆"城堡"、筑"水库"、挖"地沟"、堆"雪人"……

师问：除了这些玩法以外，还有没有更特别的玩沙方法呢？

（学生思考）

2. 欣赏玩沙作品，拓宽学生玩沙的视野

（出示图片）

师问：看老师手中有几张图片，哪位同学介绍一下这些图片？

生答：一幅是用红瓶盖配成的鱼的图形，一幅表现海滩情景，另一幅是骆驼在沙漠里的情形。

师问：你们以前或平时有没有这样玩过？

生答：没有（有的说也有）。

3. 引导、启迪学生发散思维

师：玩沙是一项很有趣的游戏活动，大家觉得有意思、很高兴，又有独特创意！

玩沙既可以用手操作，也可以用脚来踩、踏，甚至用沙把自己的手、脚埋起来，再抽出来等。

在玩沙时还可以借助和利用辅助工具、材料，比如运用贝壳、瓶盖、玩具、树叶等材料来表现自己的所感所想。这样玩起来更有兴趣、更好玩。如刚才看到的图片内容。玩沙的方法有很多，除了这些玩法外，还可以堆太空、海底世界等。

4. 玩沙前的基本准备

（1）玩沙游戏前先想一想，动一动脑筋，你准备塑造一个什么样的立体形象？

（2）玩沙时可以运用辅助材料和工具，进行实物镶嵌。如用鹅卵石堆垒、树叶拼贴、贝壳连接、动物玩具配景等方法表现不同的玩沙造型。也可以边玩边想。

（3）在玩沙游戏中以组为单位，可以是个人独立完成，也可以是小组互相协商，共同设计制作完成。

（4）现在分成6个小组，让我们亲自动手试一试吧！看一看谁塑造的玩沙形象最有趣、最可爱。

（三）学生玩沙操作

制作一件充满童趣、好玩又特别的玩沙作品。

教师巡视，随时处理学生玩沙过程中出现的问题；掌握时间，吹哨时停止玩沙。

（四）互相欣赏和归纳

（1）根据各组的玩沙作品，各小组选出一名代表，评一评、说一说哪一组的玩沙作品你认为很好、很有趣；送一朵小红花，给与其他小组做得不一样的小组。

（2）评一评、说一说自己所在小组的玩沙情况，看谁与其他人说得不一样。

（3）哪位同学能用一句话说出今天这节课最有趣、最好玩的事？

（4）学生评讲后，最后由教师做简单归纳，并表扬这次活动中积极动脑筋，与其他人做得不一样的学生，希望下次继续好好表现。

下课前要求学生把玩沙时的辅助工具、材料放回分类筐，供下次再玩。整理完后把手洗干净，注意卫生。

对有独创性的玩沙作品，进行拍照，留作以后的资料。

健康生活从小做起

——小学美术主题教学设计与应用

2003年春天，一场突如其来的"非典"病毒使我们每个人对生活的环境质量、自身的卫生习惯有了更直接、更深刻的体验；2004年春天，"非典"病毒又在南方时隐时现之际，一场高致病性禽流感更在亚洲地区大面积扩散、蔓延。这给我们的日常生活、环境卫生、饮食习惯再次敲响了警钟，引发了更多的思考。在我们的日常生活中，特别是我们中小学教育教学中，怎样通过这些与我们日常生活息息相关的事例，学会健康，学会生活，教育、培养学生从小树立环境意识、个人卫生意识，饮食习惯安全和交通安全等意识显得更加迫切和重要。

我就以此为出发点，结合小学美术教材中的连环画、卡通画和漫画等学习形式，在学校美术教学中开展了以"卫生、饮食安全，防疾病、保健康，家庭居住安全、交通消防安全"为主题的"健康安全从小做起绘画设计"教学活动。

第一，借绘画设计活动，突出学生对主题的重视与理解。通过活动，教师引导学生重点突出对个人卫生习惯、饮食习惯，环境卫生、防疾病保健康及交通安全、居家安全等方面的重视和关注，要求他们对主题内容的选择与设计具体化。在这一过程中，教师的主要任务是提供众多日常生活中常见而又被忽视的各种卫生、安全问题以引起学生重视，同时指导和鼓励学生通过报刊、新闻媒体、上网等途径搜集与自己想创作的作品相关的信息和资料，以增强对生活中各种安全隐患的关注与防范。

第二，运用绘画语言，让学生在绘画创作中受到良好生活习惯和安全的教育。在绘画创作时，教师引导学生在对主题认识与搜集资料的过程中，从自身做起，养成良好的卫生习惯，培养环境、交通安全等方面的意识，同时，指导他们运用连环画、卡通画或漫画等形式进行不同的绘画创作与表现，把美术活动与自己的生活紧密联系起来，使其在关注日常生活的同时提升对绘画创作的兴趣。这样既可强化学生在卫生、环保、安全等方面的教育，又锻炼了他们运用绘画表现生活的能力。

第三，在体验的过程中，促进主题与学生创作能力的综合发展。把教师的教与学生的学建立在他们自己周围的生活上，使教师和学生都有了更直接、更易于沟通的体验过程。与其说教师是在指导学生开展绘画创作活动，不如说是教师和学生一起学习、一起关注生活周围所发生的一切，使其共同发展与提高。特别是在教师的引导、学生课内外的努力下，最终形成一幅幅色彩斑斓、造型各异、充满童趣、充满生活气息的作品时，师生之间的教学活动获得了进一步的展示与提升。尽管学生最后完成的作品有差异，但对于师生来说，这样的主题与创作的活动过程，远比这种差异深刻得多、重要得多。

把学生对生活的体验与学校的教学活动联系起来，这既是当前课程改革所倡导的教育理念，又是落实新的《美术课程标准》的教学探索，更是学生关注自己、关注生活、关注社会的具体实践。因此，通过美术教学主题设计与应用，不仅能培养学生运用美术的绘画语言，体验学习方法与过程的基本能力，而且能增强学生在生活中讲卫生、改陋习、防疾病、保安全的自觉意识，从我做起，从现在做起，努力成为健康、文明的现代小公民！

浅谈小学美术教育中审美能力的培养

——探索小学美术课堂教学审美活动的途径与方法

作为一名小学美术教师，要把培养小学生的审美能力，作为这一阶段美术教育活动的重点之一。同时，更需要了解小学生的认知水平（哪些符合他们的心理发展特征），才能达到好的审美效果。审美能力的培养包括诸多因素，这里重点谈谈感受美的能力、想象能力和创造能力的培养。

一、培养感受美的能力

感受美的能力，与个人先天的心理、生理素质有关，但更重要的是在后天的教育与生活中发展完善起来的。就审美感受而论，是主体运用感官对客观事物或现象美、丑属性的直接感知，以及在此基础上的自由联想；初步的情感或体验，是主体的审美感官所做出的一种趣味性"判断"。

小学美术教育，面对的是一群天真可爱的小学生，美术教师必须了解和分析他们的情感发展特征。

1. 儿童进入小学后，他们的情感不断丰富

儿童的情感体验主要与学习过程、学习成效相联系，并通过对各门学科的学习，使他们的情感受到感染和陶冶。其中，美术学科给他们的视觉感受更加直接、方便和深刻，与其他学科相比更具有优势。

根据小学生情感发展的这一特点，教师要认真做好引导、启迪的准备工作，创设一种轻松、愉快的学习氛围，调动学生对美术作品的情感体验，鼓励他们大胆地想一想，说一说。例如，请你描述一下这幅画的内容，请你对这幅画的色彩进行描述，这幅画的图形又是怎么样表现的等。与同桌说、在小组里说，让他们说出自己对美术作品的感受后，再鼓励学生大胆地动笔（不去约束他们的表现形式），让他们把对美术作品的感受迁移到自我表现上来，从小培

31

养学生对美术作品有感性认识的良好习惯。

2. 努力引导小学生对作品的情感性

有的学生，由于性格原因或其他因素，上美术课时，总是处于被动状态，怕画不好被老师说，或怕回答不了问题被同学笑话。针对这一情况，教师应该鼓励这些学生从最简单的感受开始，把自己对美术作品或范画的最初感觉、印象向同桌或同组的同学说说，让其他同学也分享自己的快乐，逐步树立想说、能说、敢说、敢画的信心。对感受能力较强并有一定表现力的学生，教师要鼓励其从多种角度去欣赏、感受和探索，形成自己独特的看法，并把这种看法付诸实践。

3. 引领学生学习掌握美术欣赏方法

引领学生学习掌握美术欣赏方法的教学方法比较适用于在小学高年段。例如，美术欣赏课，在教师的引导、点拨下，五六年级的学生在欣赏时会把对作品的感受与自己现实生活中的某个情节联系起来，形成自己的看法；有的学生会结合欣赏对象把自己独特的感受引入较深的层面，似与作者相沟通的初步体验。因此，教师要鼓励和引导学生的这种感受能力，使其向更高层次发展。

总之，审美学习是通过人的视听感官进入人的心灵。感知美和体验美，是审美教育的基础，是培养小学生审美能力的基础和前提。

二、培养想象能力

根据有关资料，想象能力包括联想、幻想，是一种创造性的思维活动，是审美活动中的一种最重要的心理功能。我们的中小学艺术教育就是要培养未来的创造性人才，就是要重视对学生的想象能力的培养。因此，有必要先了解小学生想象力发展的特征。

1. 想象的有意性、目的性迅速增长

根据这一阶段学生想象的有意性、目的性迅速增长这一特征，教师在进行美术活动时，美术作品的选择（因地制宜地调整教材编排或相关的内容）要有利于小学生展开联想、幻想、想象，这样更有利于他们想象能力的发挥。想象有再现性和创造性之分。再现性想象是通过有意识记忆来表现形象的。这就是说，教师在学生表现对象前，要有意识、有目的地帮助和提醒学生注意观察自己感兴趣或印象深刻的事物和形象，可以运用默记、写生、观摩等方法再现所熟悉的形象，逐步提高学生的再现性想象能力。创造性想象是一种不完全依据现成的描述或既有的事物而创造出新事物形象的想象力。这就是说，教师要培养学生的创造性想象，首先，要鼓励和指导学生搜集相关的美术资料和美术作品，阅读有关文艺方面的书籍。其次，要多注意自己生活周围的人和事物，把知识的学习与现实的生活联系起来，指导学生知识的互相迁移，并运用美术的技能技法表现想象等，为小学生以后的发展夯实想象力的基础。

2. 小学生的言语概括与调节机能迅速发展

随着年龄的增长，小学生的抽象逻辑思维逐步体现出优势，对已获得的表象改造和加工的深刻性、想象中的创造性日益增强。针对学生想象心理的发展趋势，教师要把握培养他们想象力的机会。例如，四年级的写生课，我变通地让学生选择自己的鞋子做写生对象，边写生，边想象，边创作，结果形象千姿百态：有的像飞机、房子、火箭、轮船……有的则进行放大或缩小后再组合等。这使学生体验了写生、想象、创作的变化过程，感受到形象思维向抽象思维转化的基本特征，同时激发了他们对原有物象进行实践的迫切愿望。

3. 想象内容的概括性、逻辑性和整体性已初露端倪

随着小学生生活经验的增多，各种理解能力不断提高，他们心理发展有了"质"的进步，为他们以后的审美意识，对审美对象的想象、联想，整体把握，提供了有利的心理保证，对想象能力的发挥、充实和最后创造新的艺术形象有了主观的把握。这在小学五六年级的学生中更为突出。

总之，审美活动是可以通过想象力的展开来表现的。想象美、联想美、幻想美，是审美教育活动的条件、途径，更是中小学美术教育对学生实施审美教育、提高能力的具体方法。

三、培养创造能力

审美教育，不仅培养人的欣赏美、鉴别美的能力，更重要的是提高人的审美创造能力。审美活动中创造能力的培养，首先是从创造性思维开始的，最终达到审美创造的目的。心理学研究儿童思维发展的特征表明，小学生的思维发展特点主要表现在以下几个方面。

1. 需要研究小学生的思维活动过程

小学生的高年段（五至六年级），其学习思维尽管仍是以具体形象思维为主，但是也开始出现从具体形象思维向抽象逻辑思维过度的初始阶段。

根据这一特点，教师要充分发挥美术教育在培养学生形象思维、直觉思维方面的独特优势，从小培养他们养成思考问题、探索问题和善于创新的良好习惯，及早开启他们审美创造的大门。正如美国美术教育家阿恩海姆指出的："特别是在中、高年段，教师的任务成了刺激潜藏在每一个学生心灵中的天生的冲动，即创造、探索、处理材料的欲望。"在美术活动中，创造能力的培养要与实现这一目的的技能统一起来，否则，再好的创意也达不到最佳的效果。因此，在具体的教学过程中，教师需要把握以下两点：

第一，美术教育要以培养审美创造能力为基本目标，重视对小学生的视觉形象的感受、表现和创造能力的培养。教师要积极当好学生的"向导""帮手"，无论是欣赏课还是创作课，都要为学生的学习营造一种轻松、愉悦的艺术氛围，鼓励学生自主地进行发散思维，进行创造性思维，并根据自己的审美情趣，运用不同的材料和掌握的技能技法，去表现自己感受深刻的艺术形象。

第二，要有步骤、有计划、循序渐进地辅以必要的技能指导和训练，以达到学生表现、塑造符合自己创造性思维、审美情趣的艺术形象的目的。同时，要始终把握技能技法的指导和训练，是为培养审美创造能力这个基本目标服务的思想理念。因此，教师在授予技能的过程中，要有重点地渗入以培养创造能力为主，技能为辅的思想，使学生在学习中逐渐体验两者的关系，更好地去发挥自己的聪明才智。

2. 小学生思维的独立性和批判性初露端倪

六年级学生在学习中的过程中思维的独立性和批判性初露端倪，主要表现为多疑、喜争论、言语偏激、片面、固执等现象。这种心理特点有时会给教师带来许多难题。

针对这种心理现象，在美术活动中，教师要耐心、细致地予以引导和帮助，做学生学习美术知识的"好朋友""好帮手"。具体要做好两个方面：

第一，应该让学生感觉到美术教育活动始终是一项快乐、轻松且享受的审美活动。每名学生都享有自主、平等、不被排斥、互相尊重、独立思考，对审美对象发表不同看法的权力。教师在学生实现这些权力的过程中担当"点拨"难点、驾驭全局的角色，把学生的偏激、片面和怀疑牵引到审美创造力、表现力上来，还可以引入一些国内外美术史论方面的有关知识来充实和展开教材内容，尽量避免过多、过早下定论（除原则性问题外），理顺小学生这一阶段的思维特点。

第二，美术教育应适当引入小学生能接受的美学、美术史论，美术批评、美术创作等方面的粗浅知识，拓宽学生的艺术视野。教师要克服困难，尽可能地创造条件，带领学生经常参观博物馆、美术馆、科技馆等文化场所，利用这些文化设施，指导学生既要向优秀的传统文化学习，又要吸收新的现代文化，使自己的知识更加丰富、充实。

"千里之行，始于足下"，以培养小学生的审美能力为核心，开展丰富多彩的美术教育活动，需要从小抓起，并与其他各类素质教育，与家庭、社会、环境的教育共同进行。

走出转型期儿童美术教学的"低谷"

——儿童转型期绘画教学与探讨

何为儿童转型期？根据中外心理学家、教育学家和学者对儿童转型期的分析与研究，儿童转型期一般是年龄为11～13岁的儿童的学习发展阶段，指从"图式、意象或记忆性叙述向追求真实、视觉再现或写实萌芽"转化的时期。这一转化过程以绘画表现尤为明显。其基本特征为绘画能力明显下降，造型上对技能的畏惧和对写实作品追求的"眼高手低"的心理现象，使许多儿童对美术学习失去以往的热情、兴趣，因而又称抑制期。

在对儿童绘画转型期的特征了解之前，我认为很有必要先对国内外关于儿童绘画能力发展与特征的整体研究成果做简要的分析与比较。

一、国外学者、教育学家、心理学家对儿童绘画发展阶段的分析研究

国外学者、教育学家、心理学家对儿童绘画发展阶段的分析研究见表1。

表1　国外学者，教育学家、心理学家对幼儿绘画发展阶段的分析研究

研究者	学生的年龄与特征																			
	1	2	3	4	5	6	7	8	9	10	11	12	13	14	15	16	17	18	19	20
客申施泰纳（1905）	涂鸦期						图示化期					对线与形发生感情的忠实期描写写实性的绘画期				对形描写的正确期				
巴特（1928）		错画期		线条期		象征期	图形写实期		视觉写实期			抑制期				艺术的复现时期				

续 表

研究者	学生的年龄与特征																			
	1	2	3	4	5	6	7	8	9	10	11	12	13	14	15	16	17	18	19	20
里德 （1943）	错画期				线条 时期			叙述性象 征时期			叙述 性写 实时 期		视觉 性写 实时 期		压抑 时期	艺术性 复活时期				
海格恩 （1953）	涂鸦期					图示化期				平版画期				线条造型绘画 与线空间绘画期						
皮亚杰 （1962）	感觉动作期				预备期				直觉 运动期				具体 运作期		形式运思期					
艾斯纳 （1976）				机能性快期				图画 记述期			再现期				美感表现期					
罗恩菲德、 布里添 （1982）	涂鸦阶段			样式化 前阶段			样式 化阶 段			党群 年龄 阶段		拟似 写实 阶段		决定 时期		青春期艺术				

注：表中粗线表示对写实初期、抑制期的划分。

二、国内学者、教育学家对儿童绘画发展阶段的分析研究

我国有关儿童绘画发展阶段研究的最早成果是1938年出版的由心理学学者黄翼所撰写的《儿童绘画心理》。到了20世纪80年代中后期，部分长期从事儿童美术教育的学者、专家着手对儿童绘画发展阶段进行了深入的分析研究。这里仅介绍常锐伦、屠美如、王大根和杨景芝四位学者对儿童绘画发展阶段的研究、年龄划分与特征，见下表2。

表2 国内学者、教育学家对儿童绘画发展阶段的分析研究

研究者	学生的年龄与特征															
	1	2	3	4	5	6	7	8	9	10	11	12	13	14	15	16
常锐伦 （1984）	涂鸦期			象征期		意象 初期	意象 成熟期			写实倾 向期		推理 写实期		仿成人 写实期		

研究者	学生的年龄与特征															
	1	2	3	4	5	6	7	8	9	10	11	12	13	14	15	16
屠美如（1985）	无意识涂鸦	有控制涂鸦	命题涂鸦		象征期	概念画初期	概念画后期		写实画初期			写实画后期				
王大根（1986）	涂鸦期				符号期 单词的符号期 句的符号期 陈述的符号期				写实期 陈述的写实期 分化的写实期 视觉的写实期						理性期	
杨景芝（1987）	涂鸦期				象征期		意象期		视觉写实期			客观写实期				

从表1、表2中可以看出，国内外教育学家、心理学家、学者对儿童绘画发展阶段的研究成果总体上是相同的，认为儿童绘画能力基本呈阶梯形发展态势。通过仔细比较，我们发现国内外学者的观点也明显反映出以下不同点。

1. 国内外学者、专家对儿童写实初期的年龄划分明显不同

国外一般把儿童写实性初期或视觉写实绘画期定为（除巴特外）11～14岁，有的还定在15岁以后；而国内专家、学者把写实萌芽期定为8～11岁。这说明国内儿童进入写实初期比国外儿童的年龄要早几年。

2. 国内外学者、专家对儿童转型期（或抑制期）的年龄划分或者认识程度不同

国外心理学家巴特在他的《心理与学业测验》中把儿童抑制期定为11～14岁；艺术教育家里德认为儿童发展阶段出现的压抑期是在15岁前后。而其他学者、专家对这一转型期没有明显的年龄定论。

在国内，对儿童转型期（或抑制期）的年龄划分虽然没有体现在列表中，但根据本人查找到的资料和与专家本人的访谈记录，常锐伦先生认为儿童从9岁开始产生写生倾向，到11岁之间就有抑制时期。杨景芝女士认为儿童绘画转型期是在11～12岁即相当于小学六年级时期。

三、重视儿童绘画发展阶段转型期的特征研究

在儿童美术教育中，对普遍存在的儿童转型期绘画发展能力与特征的研究、探讨，一直是世界各国的心理学家、教育学家、学者研究的难点和重点。

在国外，对儿童学习阶段转型期年龄及特征的研究，具有代表性的是美国教育心理学家托兰斯。他在美国明尼苏达州对小学一年级学生至成年人进行了大规模有组织的绘画创造性思维测验，结果发现儿童至成年人的绘画创造性思维的发展不是直线的，而是大低齿形曲线（见图1）。

由此，他得出了关于儿童创造力发展的动态过程的结论：小学一至三年级呈直线上升状态，小学四年级下跌，小学五年级又恢复上升，小学六年级至初中一年级第二次下降，以后直至成人基本保持上升趋势。后来，日本学者潼次武夫以小学二至六年级学生为对象，对他们的绘画创造性思维、线条流畅性、形象变通性、作品独立性进行测验。根据测验数据结果得出（见图2）：儿童美术学习整个创造性思维呈发展趋势；流畅性最高，独立性最低；四年级学生创造性思维最低，五年级最高。因此，潼次武夫的研究基本上印证了托兰斯的研究结论。

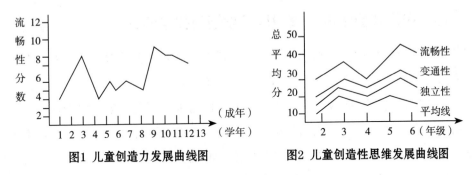

图1 儿童创造力发展曲线图　　图2 儿童创造性思维发展曲线图

出现在儿童学习阶段时的创造力下降的现象，引起了研究者的广泛注意。托兰斯根据他的研究进一步指出，人的创造力发展进程中总共有四次突然下降或停滞的创造力"低潮"期或转型期，依次为5岁、9岁（相当于小学四年级）、13岁和17岁。在5岁时，儿童会丧失他们的好奇心、想象力和学习热情；在9岁时，儿童变得十分注意使自己和同伴保持某种一致性，并放弃自己许多有创造性的活动；到13岁，儿童再次表现出对行为规范的一致性趋向，而思维则变得更为稳健、平常。

在国内，如常锐伦先生对转型期现象的研究，认为在儿童进入四年级以后，部分孩子因写生训练少，形象记忆和透视知识欠缺，作画时仅凭已有的知识经验和推理处理形象。对此他认为，从推理写实期开始，儿童绘画有两种发展趋势：一是素质好并受到良好训练的儿童，写实眼光和技能飞速提高，其绘画方面顺利走出转型期；二是大多数儿童由于其他学科学习任务重或兴趣转移，除美术课上的有限练习之外，极少动手或根本不画，而随着知识的增加，眼光愈来愈高，手的表现能力愈来愈跟不上，从此之后，绘画能力停滞不前，以致成人后，水平仍停留于写实初期。

根据以上国内外学者、美术教育家、心理学家对儿童美术绘画能力发展及其特征的研究成果，我对从小学四年级上半学期开始到五年级下半学期或六年级上半学期近两年时间内的学生绘画能力，进行了跟踪和采样，认为转型期儿童绘画大多数是从四年级开始随着写实性萌芽期的发生而逐渐呈现的。呈现的时间存在明显的差异，能力较强的学生约一年半或更早就能顺利渡过转型期，能力较差（包括语、数、英成绩）的会延续至六年级。转型期美术学习的技能技巧、情绪、心理的"低潮"现象约为两年。因此，正确、科学、艺术地引导儿童走出转型期绘画学习的"低谷"，已成为儿童美术教师肩负的重要职责。

四、重视儿童绘画发展阶段转型期的教学研究

对于儿童转型期美术教学研究，国内长期从事儿童美术教育的学者、专家一般认为绘画（包括黑白线描、写生画、意象素描等）、工艺（手工、立体制作等）比较适合这一阶段儿童美术学习的发展需求。但我认为，由于转型期约有两年时间，处于这一阶段的儿童，有一种对容易的不想学、对复杂的学不了及"党群"（Lowenfeld语）相互牵依的懒惰心理倾向。因此，变换学习方式，提高学习兴趣，诱导小"党群"向造型表现能力发展，已势在必行。我在对三届四至五年级近500名9~11岁的儿童的绘画能力进行连续跟踪与采样后，发现可以运用以下教学策略帮助儿童走出转型期绘画学习的困境（见图3）。

图3

基础策略：以绘画写生为表征的感性与理性相结合的形态描述，逐步实现从"意象或者图式、概念期向写实倾向期"的转化。

这一阶段的教学是转型期儿童绘画学习的基础，既要有心理引导，又要有造型表现所必需的技能技巧的正确辅导与提高。在儿童进入写实性倾向初期，以写生学习为主，突出线条的表现能力。把学习内容引向对自然环境、周围生活的描述，锻炼学生观察、徒手描绘物象的能力，从对他们熟悉的点滴形态写生开始，并以此向其他表现形式、方法拓展。学习写生初期，大部分学生会感觉既有趣又困惑，此时教师就要指导其观察、表现的方法，如写生时从最靠近自己的前面部分入手，然后再逐渐展开等。对写生能力较强和较弱的儿童要真正做到因材施教，各有发展和提高。经过多次的练习后，教师要及时点评、展览，评价形式多样，以鼓励为主，使学生自己感受到有进步，以增加学生学习的兴趣和信心。同时，只有特别考虑到儿童的学习进步与身心成长的同步效应和其依赖的因素，才能对写实美术中的形态理解更加深刻，表现才能逐步到位，才能取得好的教学效果。

拓展策略：以水粉+蜡笔为表征的抽象与具象相结合的色彩描述，逐步提高对色彩的认识与表现能力。

运用水粉为主的表现形式对转型期儿童绘画学习有以下优势：

（1）水粉颜料容易稀稠调和的特征，让一般能力的儿童都能感受它的有趣、好玩；操作时间可长可短，又容易出效果，对具象表现有困难的儿童可以表现意象或抽象的造型。

（2）水粉颜料可结合蜡笔材料共同达到表现效果，因为，在这一时期的儿童有明显的畏难情绪，怕画不好、怕画错的思想影响其大胆和深入表现。用水粉表现细部有较大的难度，用蜡笔在水粉画中描绘某些细部就会容易得多。

（3）学习素材既可通过适合儿童年龄的优秀绘画作品的欣赏，从中启发学生临摹或创作，又可通过对写生画素材进行第二次色彩创作。

重点策略：以儿童版画为表征的描绘、刻制、印刷的综合学习，逐步实现美术多种能力的培养与表现。

这一教学策略的设计与实施之所以成为转型期儿童绘画学习的重点，是因为它具有学习的趣味性和持久性，其包含三个教学理念：

首先，面向全体的教学理念。转型期版画教学的定位是面向全体儿童，重点突出普及性、趣味性和可重复性，而非专业水平较高要求的，只有个别学生能掌握的版画教学；集写生、制作、成品于一体的综合型儿童美术教学；宗旨是引导儿童在原有基础上的美术学习能力继续发展和提高，帮助全体儿童逐渐走出转型期学习的"低谷"。

其次，打破传统意义上的材料应用理念。儿童版画教学中材料的应用非常丰富，但考虑到转型期儿童学习版画主要是丰富美术学习内容，提高学习兴趣和表现能力，因而只选择了纸版画和木刻两种学习方式和材料。纸版画教学在一般的教材中比较普遍，其重难点在于纸版制作过程中对形的夸张、层叠与粘贴、印制的方法和效果等，重在趣味性和可重复性。纸版画教学可以安排在木刻教学以前进行，这样对木刻教学有铺垫作用。

木刻教学令众多美术教师为难的是材料的运用。一般来说，木刻的材料为木板，处在9～11岁年龄阶段的儿童，对木刻刀的使用、手指力量的控制、不同软硬木板的刻制等诸方面都会遇到很多困难。因此，我对儿童版画教学的重点之一是在版材选择上下功夫，即想方设法找到适合这个年龄段的容易刻制的材料。经过长时间的关注和寻找，我终于找到了适合儿童刻制的木纹地胶板和绝缘板材。

木纹地胶板是家庭装修铺地使用的，其正面即木纹面很硬不适合儿童刻制。而其反面是带有网状的软性胶面，儿童刻制起来软硬适宜，而且价格便宜。绝缘板材是电力部门使用的在交流电机房为防止导电用的一种软性绝缘材料，与美术商店出售的胶板类似，但软性更好，价格较木纹地胶板贵。儿童使用这些板材进行刻制，其兴趣、热情、主动性、自信心远远超出了其他绘画形式。由于有了前期的线条描绘、写生基础和纸版画制作，绝大部分儿童都能徒手在胶板上描绘自己想要表现的形态（也有个别学生要求先设计，内容来自平时的写生稿），省去了先设计、描绘再复印等多道程序，直接进行刻制。同时，他们的作品也在不断地修版过程中，被一张张地印制出来，使其身心获得了极大的愉悦。

再次，创造与表现能力的培养与提高是该策略的教学理念。儿童的创造与表现既要有审美教育，又要有创造与表现所必需的技能技巧的指导。如怎样正确、科学地使用刻刀，使自己的手既安全，又能更好地把力用到位。又如画面黑白安排，要刻一部分留一部分。怎样使用三角刀表现不同的线，怎样使用圆口刀、平刀表现面及肌理效果，油墨滚刷时的稀稠处理，版画机压印时力度的调整和手拓效果等诸多方面，都需要教师有目的地进行引导和示范，但不是作为目的加以突出。因此，儿童转型期美术教学，既要给儿童创造与表现的时间、空间，又要逐渐引导他们掌握创造、表现的方式方法，使儿童的学习效果落到实处。如在印刷中错版、重叠版、连版等的尝试要多人分工刻制、合成印刷；多种色彩套印等方法，增加了儿童学习的求异性、趣味性，自我创新、合作创新的意识和信心，使其对美术学习获得了前所未有的进步和提高。这样，通过教师与儿童的共同努力，逐渐使儿童走出转型期学习的困境，走向更高的发展阶段。

五、结语

儿童美术教育是一个教与学的动态过程。在这一过程中存在许多无法预测的变数，这就要求美术教师不仅能教学、会教学、教好学，而且更应该成为教育教学中的研究者和创造者。

参考文献

[1] 常锐伦.美术学科教育学［M］.北京：首都师范大学出版社，2000.

[2]（美）W.艾斯纳.儿童的知觉与视觉的发展［M］.孙宏，张丹，刘海燕等，译.长沙：湖南美术出版社，1994.

[3] 钱初熹.中国美术教育研究成果集约及其发展趋势的展望（1980—2000）［J］.中国美术教育，2000（5）.

[4] 李力加.萌动与发展——儿童美术教育学研究［M］.济南：山东美术出版社，2001.

[5] 董奇.儿童创造力发展心理［M］.杭州：浙江教育出版社，1993.

附：

儿童转型期绘画教学策略及部分作业设计

一、概念界定

（1）儿童转型期绘画教学范围指向所有这一时期学习的适龄儿童，是面向每一位在校或校外、义务或非义务教育的全体学生。

（2）儿童转型期绘画教学认知、能力指向全体儿童，包括成绩（能力）较好、一般和较差的适龄儿童，并非单指少数对绘画有兴趣、有特长且经过选拔特别训练后的儿童。

二、指导思想

（1）课程设计依据儿童转型期的心理发展和认知水平，重点突出教师的教学行为紧紧围绕学生更好的学习这一课程主题思想。

（2）面向全体儿童。教学中让每一位儿童在转型期绘画学习中都有所发展和提高。

（3）通过儿童转型期绘画教学，让儿童逐渐渡过转型期美术学习的困境，继续保持对美术学习的兴趣和渴望，为向高一级学习打好思想与表现的基础。

三、教学目标

（1）通过这一时期的绘画学习，在继续保持兴趣、主动性的同时把美术学习作为促进其他学科共同发展、提高的有效途径之一。

（2）在绘画造型中，让学生通过写生逐步掌握运用线条、色彩、版画表现形象的能力。

（3）让学生在绘画学习的过程中逐渐体会、提高美术文化的品位，增强审美意识。

四、教学内容

（一）内容设计原则

（1）趣味性原则。选择与学生兴趣、日常生活有关联的学习内容。

（2）与教材相结合的原则。义务教育教材的经典性、系统性与转型期教学设计内容的灵活性相互补充。

（3）重点性教学原则。把描绘、刻制、印刷为一体的儿童版画作为转型期的重点教学策略。

（二）教学内容

（1）线条写生。文具、植物、交通工具、建筑、人物等写生。

（2）色彩（水粉）练习。抽象、具象（包括水果、花卉、建筑、人物等）的色彩练习。

（3）儿童版画。以具象表现为主、抽象表现为辅，突出线条、造型、黑白、刀法、色彩的表现力度。

（4）欣赏与评价。口头与书面评价相结合，加强美术文化知识的学习和指导。

五、教学重难点

（一）教学重点

（1）重视对儿童学习方法、思维方法的引导，更多地让儿童与教师共同研究、探讨，共同进步、提高。

（2）在形象描绘、线条表现的基础上，重点加强运用版画形式进行造型，强调描绘、刻制、印刷、修版等学习过程，让儿童体验学习、造型、成功与失败的情感。

（3）强调线条造型能力的训练，把线条、黑白、色彩、刀法、肌理等绘画要素在版画中体现出来。

（4）让儿童通过色彩学习，更多地认识、了解运用色彩表现自己的情趣和能力的方法。

（二）教学难点

（1）大部分儿童对线条、色彩（水粉颜料）表现得不适应，对写生物象观察、描绘得不确定性。

（2）大部分儿童缺乏对版画学习的认识、了解，没有养成描绘、刻制、印刷、整理等良好习惯。

（3）由于儿童人数众多，教师指导受到时间和精力的限制，从而影响了能力较弱儿童的绘画学习。

六、教学课时与内容安排

（一）转型期初期（四年级）第一年

1. 第一学期

（1）课时计划。小学美术课每周两课时，每课时为40分钟，除其中一课时为完成义务教育美术教材教学要求外，另一课时为转型期线条训练内容（包括临摹、写生等授课内容），为第二课堂，作为转型期美术学习巩固和补充的内容，每学期总课时不少于40课时转型期教学。

（2）内容安排。上半学期以简单的植物、交通工具、建筑写生、线条描绘为主，强调儿童的观察、描绘、表现的学习方法；下半学期仍以写生、线条描绘为主，穿插少量的背景、情景性描绘。补充、穿插内容为写生作业配色、情景配色；水粉颜色的尝试，简单具象的造型、抽象的主观表现等内容。

（3）表现工具。水彩笔、彩色铅笔、普通铅笔、蜡笔、水粉笔、水粉颜料等。

2. 第二学期

（1）补充美术文化知识，丰富学习内容，包括客观描绘与主观表现作品欣赏等。

（2）内容安排。加强对优秀写生、线条表现作品的欣赏，引导儿童学会评价自己和他人的作品。继续学习整体观察、线条描绘、客观或主观表现的多种形式。内容从植物（花卉）、建筑，逐渐扩展到人物、交通工具等。补充水粉画，以水粉颜料为主加蜡笔补充、描绘内容，以提高儿童绘画学习的情趣和体验。

（3）表现工具。表现工具如圆珠笔、水彩笔、钢笔、彩色铅笔、水粉笔、水粉颜料等。

（二）转型期中期（五年级）

1. 第一学期

（1）课时计划。教学内容与义务教育教材相互补充与穿插，总课时不少于50节转型期教学内容，重点运用儿童版画形式，突出线条造型表现能力。

（2）内容安排。上半学期初期，简单回顾上学期学习内容，鼓励和表扬全体学生在一年所取得的成绩。欣赏和介绍一种集线条描绘、刻制、印刷成品为一体的儿童版画教学，使儿童版画学习成为本学年教学的重点。使学生关注线条写生、描绘、复写、刻制、印刷、修版、再印刷成品的版画学习步骤并逐渐养成自己收拾、整理的良好习惯，同时补充和增强创造性思维能力的培养与指导。下半学期增加美术人文知识的内容，学习线条造型、画面黑白布局、多色印制等知识，使儿童美术学习具有持久性和趣味性。

（3）表现工具。地胶板、绝缘材料、木刻刀、油性记号笔、滚筒、彩色水性或油性油墨、彩纸、版画纸等。

2. 第二学期

（1）增加美术文化欣赏和评论的学习，丰富儿童创作内涵，让学生正确看待客观（写实）描绘与主观（意象）表现艺术等形式。

（2）内容安排。上半学期内容除继续学习情景描绘外，加强人物表情、头像、半身像的线条表现力度；造型方面要求儿童向比例、形态大体准确的方向发展，表现内容要求有情景性；色彩方面关注多色、套色的表现能力和图形错印、深浅色重叠印的创新意识的培养与探索。下半学期关注儿童的创意设计包括刀法、肌理、刻与留、画面简单构成效果，以及随意性自主表现等学习能力的培养和提高。

（3）表现工具。木板、地胶板、绝缘材料、木刻刀、油性记号笔、滚筒、彩色水性或油性油墨、宣纸、彩色纸、版画纸等。

（三）转型期后期（六年级上半年）

通过以上两年转型期绘画教学策略实施，大部分儿童对美术学习的兴趣、主动性和渴望得到有效延伸和保持，基本造型能力已趋向平稳。其中一部分能力强的儿童已从五年级上半学期与下半学期之间顺利走出转型期绘画学习困境，而大部分儿童对美术学习的兴趣与态度伴随着他们的学习而发挥着作用。但也有个别儿童由于受家庭、社会、遗传等综合因素影响，仍未能走出转型期，甚至仍处于低幼时期，这需要教师花更多精力在六年级继续引导和帮助。

七、教学评价与反思

（一）教学评价

1. 儿童学习评价——自评、他人评、师生互评

（1）指导学生在这一时期绘画学习用口头、书面形式对自己进行评价。

（2）儿童对教师教学设计、方法、情感或态度进行民主评价和建议。

2. 教师教学评价——自评、他评

（1）对转型期课程设计、实施及教学效果评价。

（2）教师对教学过程的自我评价。

（3）教师对儿童作业的评价。

3. 建立学习档案袋

（1）对部分儿童的美术学习进行跟踪和研究，及时调整教学思路。

（2）进行整体、个案和教学案例的分析与研究。

（二）教学反思

（1）教师对实施的方式、方法进行反思，哪些应该深化，哪些需要改正。

（2）儿童是否真正渡过转型期学习美术的困境，其基本标准应该怎样确定等。

（3）总结教学过程中成功与失败的经验，并进行记录和整理。

自主·发现·探究

——小学美术《有趣的木棉花》教学案例的启示

一、教学案例

教学背景：广东有一种树，叫木棉树，每年的三四月份开花、结果，其花称木棉花。木棉树在珠江三角洲地区的很多校园都有种植。这种树树身高大，平时总是默默无闻地"守卫"着校园，只有到了每年的三月底、四月初，才真正显示其"英雄"的本色（广州市花）。那红彤彤的花朵，为校园景观增添了亮丽的色彩，深得校园师生的喜爱。每逢这个时候，校园里的学生，特别是小学生，一有时间就会争着去捡刚从树上掉下来的木棉花。该美术教师就抓住这一时机，把它设计成小学四年级的美术活动课，以绘画写生为切入点，整合自然课知识，尝试把探究性的学习方式融入课堂教学之中。

基本过程：课前教师要求学生以个人或小组合作的方式收集木棉花，并带到美术课堂备用。上课时，教师先让学生交流收集木棉花的过程，然后指导学生分成四个小组，分别对木棉花进行观察、写生，要求学生仔细观察木棉花的形状、色彩，并对木棉花进行比较。在这一过程中，每个小组的学生都很认真、很投入。其中有一个小组发现了使老师和其他同学都吃惊的现象：木棉花的花瓣重叠方向存在明显不同。有些花朵的重叠方向是顺时针的，有的则是逆时针。这一发现轰动了全班学生。当学生问老师时（其实该教师也不知道），老师灵机一动，说："这就是老师要你们通过自己的眼睛，发现未被发现的问题。"同时在黑板上写出已准备的六个问题，供其他几组去选择和研究。教师指导各小组选出正、副小组长，负责自己小组所选择的研究问题，在课后进行调查、收集、记录，在下一节美术课中进行讨论、汇报和发言。此时此刻，全班学生的学习兴趣都被调动起来了，都沉浸在热烈探讨的氛围中。

讨论问题：在上第二节美术课时，四个小组都有了一定的准备。教师引导各组把课前收集、调查的资料，在小组中进行最后讨论，小组长记录好讨论的结果，并代表小组做汇报发言。有几位小组长悄悄地告诉该教师，他们小组拍了木棉花的照片，还有的是写生作品，能不能使用投影仪，该教师很高兴地答应了他们的要求，并成了他们的帮手。下面是几个小组自己收集、讨论、上台发言的部分内容：

"我是第三小组代表，我们小组选择了用画画的方式来表现木棉花的色彩的研究题目。下面我来介绍一下我们的研究过程。

"我们通过仔细观察，发现木棉花的花瓣刚从树上掉下来的时候，颜色非常鲜艳，很红很红，圆形果托又是鲜绿色的，红色和绿色形成了一组对比。（把照片放在投影仪上，让同学们观看）

"我们观察后进行写生，为了画好木棉花的形状和色彩，我们每个人选择了自己喜欢用的水彩笔、蜡笔、水粉颜料来表现木棉花。在写生的过程中，我们发现用水粉颜料来画木棉花既快效果又好，用蜡笔画木棉花，可以画出它的立体感，用水彩笔很慢又会没水……下面请看我们的写生作品吧！（展示写生作品）……"

（全班给以热烈的掌声）……

另一小组上台发言：

"我们小组研究的题目是：通过对木棉花的写生，了解了木棉花、木棉树的生长规律。

"我们小组同学在上一节美术课，仔细观察了木棉花的外形、色彩，进行了写生。请看我们小组的几幅写生作品（我把作品放在投影仪上，让同学们欣赏）。

"我们写生后，在课外又去查找了有关木棉花、木棉树的资料。我把查找来的资料介绍给大家。

"我们从《常用中草药手册》中查到，木棉树，又叫红棉、英雄树、攀枝花。树身高大概10米左右，树和枝长有扎人的硬刺。春天先开花后生叶，花大、红色、肉质，花瓣有5片，结果后会裂开，还有棉毛种子。主要生长在我国南方地区，是广州市的市花，又称'英雄花'。

"根据资料记载，木棉树是先开花后生叶。但是我们对这一资料有怀疑，因为根据我们的仔细观察，木棉树是在春天3月份开花的，在开花前已经有了绿色的叶子，后来绿叶开始变黄，木棉树开花时没有了叶子，等木棉花全部掉完后，木棉树才开始长出新的叶子。所以我们怀疑……

"以上是我们小组研究的成果，谢谢大家！"

…………

"我是第一小组，我来介绍一下我们组木棉花写生的情况。

"我们进行木棉花写生，主要用线条画出木棉花的花瓣形状。我们在写生的过程中，发现了一个很有趣的问题，就是木棉花的五片花瓣的重叠方向，有的是向右转的，有的是向左转的（投影仪出示木棉花照片和学生作品）。

"我们小组进行了热烈的讨论，有的同学说，是因为光照不同；有的同学说，是木棉花在小时候被不同方向吹来的风吹成这样的；有的甚至说，一个是公的，一个是母的。我们去请教了自然课的老师，自然课的老师也说不清楚，我们又上网去查找，但网上也没有这方面的介绍，不知道哪位同学、老师是否有这个问题的资料？请介绍给我们……"

此时，很多学生的思维和情绪被这个问题激活了，纷纷举起自己的手，发表各自的观点。其中有一位男学生站起来大声地说："我看过一本书，书上说植物的枝蔓茎干会出现左右旋转生长的现象，是由地球旋转的引力和磁力共同引起的。"另一位女学生则自己站起来直接回答："我认为这是木棉树遗传基因的问题！当前大家都在说什么人类基因，我想植物也应该有自己的遗传基因吧！"这令在场的所有教师都很惊讶，并给予热烈的掌声……

二、案例启示

1. 体现教师的教学思想

教学思想决定着教学实践和教学效果的优劣。探究性教学在小学美术教学活动中的实践，突破了以往一般意义上的美术教学课，将学生的学习方式，引领到自主发现、自主探究的方向上来。这一案例的展示，正体现出这样一种教学思想：教学不以灌输知识为重，而是注重学生能力的培养，特别是以培养学生发现问题、探究问题、解决问题，运用综合知识进行创新实践能力为重点。这种教学思想是我国当前素质教育、课程改革、美术课程标准所倡导的，是新的教学理念在教育教学中的具体实践，因而，对当前的中小学美术教学更具有现实的可操作性，值得借鉴。

2. 体现教学者的教学方法

教育思想决定着教学的方法，而教学方法只有适应先进的教学思想的要求，才能体现科学性。这一课例的创设，正是抓住了学生现实生活中的一个典型，通过这一典型，引领学生从美术学习的角度，运用综合知识（自然、语文等学科）自主发现、探究问题，这无疑为体现教师的教学思想、教学方法找到了科学依据。同时，教学情境的创设、教学方法的选择和运用，有利于学生分析问题、解决问题能力的培养，有利于创新意识的增强和创新能力的提高，有利于学生个性发展。同时提高对教学情境的创设，对教学方法的灵活运用，对学生学习过程的关注，在很大程度上更能反映教师的教学综合能力。因此，让教师进行大胆设想、尝试、创新，是提高教学质量的重要环节。

3. 体现学生的学习方式

先进的教学思想、灵活的教学方法，为学生学习方式的应用奠定了扎实的学习氛围和基础。可以这么说，教学效果归根到底，是要在学生的学习方式、学习效果上得到充分体现的。因此，转变学生的学习方式，在当前推进素质教育的形势下更具现实意义。

这一案例的创设和设计，在学生的学习方式上有了重大的突破。首先，学生学习方式的转变，是在教师教学思想的引领下，逐渐得实现的。传统的美术学习方式过分地突出和强调知识的接受与技能的掌握，忽视了发现与探究，在实践中导致对学生认识过程的极端处理，使学生学习美术知识完全控制在"你说我听，你示范、我模仿"的被动接受过程中。其次，体现学生的学习方式，就是把学习过程之中发现、探究等认识活动突显出来，使学习过程更多地成为学生发现问题、提出问题、分析问题、解决问题的过程。因此，这一案例，更多地强调了学生发现问题、探究学习，这也成为本案例教学思想的一个重要亮点，更有利于中小学美术教学活动借鉴。

4. 体现教学方式的灵活性

教学方式具体体现了教学思想和教学方法。传统的教学形式完全是教师讲、学生听，学生被动地接受。学生的学习积极性、主动性完全被全忽视；创新意识、创新能力的实践不被重视。学生的学习能力、学习情境完全局限于"标准化答案"和有限的书本知识的狭窄范围之中，极大地压抑了小学生好动而丰富的内心世界和创新意识。而在这一教学案例中，教师根据教学要求，灵活地把全班分为多个小组进行学习，学习形式更具有灵活性，更适合学生个性的发展：他们在课外收集、调查所需资料，自己把作品用相机拍成照片，课堂中进行讨论、发言、辩论、做记录，并选派小组代表上台发言等。在发言中既有发言稿，又有小组成员的作品展示。从一定意义上说，这节课的课堂生动活泼，充满了学生自主发现、自主探究的学习氛围，实现了教学形式与教学内容的相互适应和完美统一。这为我们美术教学中的其他活动提供了新的教学思路。

5. 体现教学评价的综合性

教学评价的综合性，体现了教育思想、教学方法的综合性，是对教师教学思想的延续和检测。传统的美术教育评价，往往只要求学生提供美术课的作业，而对于学生是如何完成作业的，并不是很关心。对学生学习的教学评价完全取决于教师对学生单一的美术作业好坏的肯定或否来。因而，压缩了学生的学习创造空间，抑制了学生的创新意识。而这一案例的创设，体现了教学评价不仅关注学生的学习结果，更多地关注学生求知、探究和努力的过程。这样的教学评价才能深入学生发展的进程，对学生的持续发展和提高，进行有效的指导，教学评价促进发展的功能才能真正发挥作用。与此同时，在关注过程中，才能有效地促进学生"知识与技能，过程与方法，情感态度与价值观"的全面发展。

参考文献

［1］朱幕菊.走进新课程［M］.北京：北京师范大学出版社，2002.

［2］姚利.美国中学案例的启示［J］.学科教育，2001（10）：33-35.

课标设计成效

——小学美术教学过程的策略研究

《全日制义务教育美术课程标准（实验稿）》（以下简称《美术课程标准》）中"内容标准"把小学六年制美术教育划分为三个学段，即一至二年级为第一学段、三至四年级为第二学段、五至六年级为第三学段。与三个学段相对应的四个学习领域则从学生的不同学段、不同层次全方位地构建出小学阶段的美术教育框架。这使得一线的美术教师有依据、有信心、更有效地围绕这一教育框架，在实践中运用更适合本地、本校、本人教育理念所需的不同教学空间。这种空间既是新《美术课程标准》框架内的教材、教师、学生的实践展示，更是教师和学生共同获得发展与进步的具体体现。因此，笔者在所任的低、中、高三个年段的部分班级内进行了实验性的教学探索。

一、低中年段（一至三年级）

低中年段教学以活动为主，把绘画与手工、平面与立体教学相互穿插在每个教学单元，并辅以生活中易得的材料为媒介，引导学生通过想象、联想进行多方位、多种形式的美术表现。

在低中年段的美术教学中，绝大部分学生都喜欢画儿童画。与之相比的手工、设计型教学内容，尽管学生也很喜欢，但由于动手制作、设计要比一般绘画复杂得多，教师为上好一节手工制作课所做的课前准备工作很多，这也是目前小学美术教学中存在的绘画能力强、制作能力弱的较为普遍的一大问题。笔者根据这一问题进行了实践探索。

首先，处理好《美术课程标准》、教材、学生学习的关系。根据新的《美术课程标准》的内容、美术教材和班级学生的实际情况进行相关的教学前课时分类，即依据《美术课程标准》中四个学习领域，参照教材每课的教学内容进行分类梳理，如造型表现学习领域中绘画与手工、平面与立体的课时安排、单元划分和单元活动设计等，再结合所教学段的学生、家庭实际情况，与家长建立联系，并为每名学生设置一份简易的学习档案袋，以便记录学生这一学段的美术学习情况。因而教师在这一阶段所承担的角色是教学设计者。

其次，灵活运用《美术课程标准》中的四个学习领域，把绘画与手工、平面与立体、独立与整体等教学内容统一在单元活动中。现实课堂教学中的四个学习领域没有截然分开的教学屏障，如在造型表现教学时往往融入了欣赏评述、设计应用和综合探索的教学元素，在低中年段教学时只是侧重点不同。因此，绘画与制作、平面与立体应互相穿插教学，如通过综合教学活动把学生已学的知识、技能技巧进行检测与展示，这本身就是四个学习领域的最好体现。

二、中高年段（三至六年级）

中高年段教学以活动与设计、技能与表现、独立与合作为主，加强平面绘画与立体手工活动项目的联系，以提高学生这一阶段的动手能力。

1. 认识理解学生的学习需要

从三年级下半学期开始，学生对上美术课，特别是绘画课，已经没有了以前那样的热情。随着其他学科作业量逐渐增加，学生自身对其他知识的好奇，加上家长、环境的不断指引，学生就开始将注意力转移到其他学科的学习上了，如体育球类、棋类和其他项目的学习等。到了四年级，这种情况变得更加普遍和突出，所以，很多美术教师普遍认为从四年级开始，美术课越来越难教。其实，其他学科也同样存在这一现象。

2. 面对问题，想方设法引领破解

为了妥善处理和探索这种教学过程中的问题，作为美术教师就要开动脑筋了。笔者在长期从教中高年段的过程中，早就发现了这种普遍现象，也就是所说的学生学习转型期阶段现象问题。面对这样的问题，就需要教师按照《美术课程标准》所提出的四个学习领域的学段内容（知识和技能）、要求，做出适当的关系调整，特别是对具体反应《美术课程标准》要点的具体教材，即课文知识点与技能的要求，再做第二次调整。例如，把以动手设计制作的"设计·应用"学习领域，作为第一单元提前安排。这样设计的意图是增加学习的

挑战性，特别强调动手操作能力的培养和锻炼。如先从平面的单纯绘画逐渐向画、撕、折、叠横向发展；然后再向难一些的绘画如刻纸、刻板方向适度提升，也可引导为边折纸，边手工制作和边装饰相联系等活动项目。这样，更能引起这一阶段学生的学习兴趣，以更好地帮助学生渡过这一转型期的美术学习困境。同时，把单纯的平面绘画，与立体的手工艺等学习内容，互相交叉教学，这样，更能增加学生的学习兴趣和挑战性，以增加中年段学生学习美术的兴趣和学科吸引力。与此同时，还需要加入一定的对美术作品的欣赏活动，如对不同绘画作品、手工艺作品进行欣赏，在自然而然中培养这一阶段学生的审美能力。这样，为进入到五至六年级的高年段美术学科教学，铺垫基本的美术教学学习发展情境。

3. 小学高年段，更具挑战性

比起小学低、中年段的美术教学，小学高年段要上好每一节美术课，教师都需要面对更大的压力。在学生进入高年段时，教师比较理想的美术课堂教学应该是，有一间固定的美术功能教室，有足够可供每名学生美术课学习的工具、材料，而且还有人专门帮助整理功能室的卫生等。而在实际教育教学中，这样的理想不是全部都能够实现的。因此，尽管很大一部分美术教师，很想在学生的美术学习上下功夫，尽可能多地提供给全体学生亲身体验的机会。但是，时间久了，就算学校真的有条件提供这些教学环境和教学条件，教师们也会不太愿意长期坚持这样的教学过程。因为如果长期坚持这样的教学，会导致自己的工作非常辛苦，包括材料准备、卫生打扫、课室整理等看似小事的繁杂事务。而且，美术课往往是一个班级刚下课，另一个班级马上就接着上课，一个下午甚至要连续上四节美术课。这样的教学过程，对于一般的美术教师来讲，短期的上课还可以，而要长期坚持还是有些困难的。而对笔者来说，这已经是几十年长期坚持养成的教学惯例。要做到这样，必须要有一种这样的自我教育思想，即为了教好美术课，需要自找麻烦，自找办法。为学生、为社会和国家的未来建设，尽自己的微薄之力，尽可能多地给他们的美术学习，提供不同的学习体验和艺术学习精神的引领。只要长期坚持这样的教育思想，最大的受惠者就是广大学生。这样一想，作为一名美术教师，无论付出多少，无论有多辛苦，"心底无私，天地宽"。

总之，儿童美术教育是一个教与学的动态过程。在这一过程中存在许多无法预先设计好的变数。这就要求我们美术教师，不但要认真学习、理解《美术课程标准》的要求，领会《美术课程标准》的精神，能积极主动地根据实际去教学、会教学、教好学，而且更应该成为教育教学中的研究者和创造者。新课标，引领新思想；新设计，造就新成效。

版画教学在小学美术教学中的定位与应用

——小学版画教学课题研究阶段性报告

美术教育和其他学科一样，正值国家课程改革的风口浪尖上，转变和更新教师教的观念，转变和更新学生学的方式，成为这次课程改革的重大突破点。谁适时地掌握了改革发展的信息，谁在信息中把握了时机，把《全日制义务教育美术课程标准》（以下简称《美术课程标准》）创造性地在课堂教学中实践、运用，谁就在教育改革的浪潮中有了展示美术教学的实践平台，并能从中获得更多主动权和更多益处。版画艺术在小学美术教学的实践与探究，正迎合了目前课程改革发展的需要。

一、版画教学在小学美术教育中的定位

版画教学在小学美术教育中的定位首先取决于教师对版画教学的定位。这是因为美术教师对课堂教学的设计、把握、展开，对美术教材的灵活运用、处理，都要取决于教师的教学理念、教学思想；同时，取决于教师对学生的学习方式的引导与培养。教师如果把版画教学在小学美术教育中等同于专业知识教育，那么在教学过程中，需以专业教学的标准、要求传授版画的基础知识，强调用刀、握刀的姿势，运刀的各种方法，及最后的"刀味"效果等。定位落在学科专业教学上，这样就完全忽视了学习对象——小学生的认知能力和心理发展水平，属于"低能力，高要求"的教学观。久而久之，学生的思维方式、学习方式逐步被专业知识所代替，学生丧失的不仅仅是学习的兴趣和信心，而是人的创造性。他们只能机械地成为刻刀的使用者，而不是使用刻刀的创造者。这样的定位与当前的《美术课程标准》所倡导的"降低技术难度"的要求是相悖的。

相反，教师如果把版画教学定位为小学美术义务教育的整体组成部分，

把版画教学融入大美育教学框架，注入更多学生喜闻乐见、趣味性强的教学活动，注重学生自主探究、自主学习的过程和经验的体会，使学生在有趣的氛围中"学中玩，玩中提高"，那么在教学过程中，需以学生的认知发展水平为标准，让学生自己发现生活中与制版、印刷有关的信息，探究印刷品的制作过程、所使用的材料、工具等，让学生自己有所感、有所悟。好奇心促使他们去发现，去探究版画学习的过程和方法。久而久之，学生在教师的启发、引导下能够主动掌握并运用版画去展示自己的内心轨迹。这样的定位与国家《美术课程标准》的要求是一致的。因此，从某种意义上说"成也教师，败也教师"是有一定道理的。

其次，版画教学在小学美术教育中的定位取决于学生对版画学习方式的定位。学生是学习的主体，教师的教最终必须在学生的学习中得到充分体现。如果在学习过程中，教师怎么教，学生就怎么学；教师教多少知识，学生就装多少知识，学生的学习完全被动地控制在教师的指挥棒上。那么，这样的学习方式，需要花大力气进行逐步更新和改变。否则，无论是版画学习还是其他学科学习，都与当今时代所倡导的培养学生"学会学习""自主发展"的教育理念相违背。

更新和转变学生的学习方式，很大程度上取决于教师教学情境的创设和教学趣味性的导向。教师在教学过程中要把握好教与学的时间和空间，使教学始终处于师生互动参与的状态，给予学生尊重、民主、平等交流的机会，并能使教学展现出与其他表现方式不同的刺激、乐趣和经验，使学生的认知能力和发展水平在"寓教于乐"的氛围中，逐渐得到提高和发展，而不是成为学习的负担。这就需要教师在学生的学习、生活中，加强学生自主学习、自主探究能力的引导和培养。只有这样，版画教学在小学美术教育的土壤里才能扎根、开花，并结出丰硕的艺术之果，真正达成提高学生综合能力的教学目标。

二、版画教学在小学美术教学中的应用

1. 来自美术教学课堂的调查

在四年级下半学期的美术教材（岭南版）中，有许多课时涉及动手制作，如线的构成、线的造型制作、布娃娃、壁挂、纸立体等内容。且不论其设计、安排是否妥当，就其课例本身而言，是手工制作教学课。与绘画相比，学生的

动手制作能力普遍偏弱。为此，笔者特地自制了一份反映学生动手能力的问卷，进行了问答调查。表1是调查表。

表1　调查表

调查内容 / 班级	平时接触过的线		纽扣掉了能用针线自己缝上		用针线和布缝制小物品		能用刻刀在一般硬质材料上刻出图形		
	针线	毛线	自己缝	别人缝	能缝	不会	简单图形	复杂图形	不会用刀
四（1）班60人	6	7	5	55	6	54	36	8	16
四（2）班51人	8	10	5	46	6	45	39	6	6
四（3）班56人	7	8	3	53	5	51	37	9	11
四（4）班57人	6	8	6	51	6	51	36	8	14
五（1）班58人	8	11	8	50	7	51	41	9	8
五（2）班56人	9	14	7	49	7	49	39	7	10

从以上的调查表中可以看出，四、五年级学生动手机会少了，动手能力自然就下降了。究其原因，主要有三个方面：

其一，现在小学生大多数都是独生子女，家庭条件比较优越，所需玩具之类的物品都可以直接从商场购入，一旦损坏也没有自己修理的意识和习惯，更没有动手制作的欲望。

其二，家庭成员的宠爱。笔者在与学生的口头调查中了解到，有部分学生起初很想自己动手制作一些好玩的东西，甚至想用刀、铁锤、针、电线之类的工具和材料制作一些玩具，但父母或爷爷奶奶等家庭成员，总是怕这怕那，干预孩子动手，久而久之，孩子自己动手的欲望消失了，从而也失去了信心。

其三，美术教师本身的动手能力相对薄弱。就绘画而言，大部分教师都能较好地发挥自己的作用，胜任本职工作，但遇上手工制作之类的立体造型课就会显示出弱势，因而，对课堂教学中培养和提高学生的动手能力的后劲严重不足。有一位长期从事青少年美术教学的老教师曾感慨地说："要找几位教绘画的老师很容易，想找一位教手工制作课的老师实在太难了。"事实上，目前美术教师队伍中确实存在着"强画弱工"的偏科现象。

版画教学是集设计、绘画、手工制作和印刷于一体的教学过程。因此，在小学阶段进行版画教学显得更加必要和迫切，这要求教师从小培养学生动眼、动脑、动心、动手的能力，使学生树立起自主学习、自主探索的信心，为他们以后的学习和发展夯实基础。同时，为教师自身的学习与提高，研究与探索美术教学奠定基础。

2. 借"版"实践

众所周知，版画作为美术绘画的一个专业科目，其教学过程是由构思、画图、刻制、印刷等步骤综合构成的。这一过程涉及动眼、动心、动脑、动手，每一步骤既有相对独立性，又有互联的整体性。设计构思——构思创意——软性知识；制版印刷——印刷成品——硬性技能。在学生学习软性知识，掌握硬性技能的过程中存在无数次的成功—失败—再成功的体验过程，学生感受到的不仅仅是书本知识、技能技巧，而是学习态度、意志、情感的综合感悟，从中树立起学习的信心和勇气。这对学生以后的发展更为重要。专业版画家在这一过程中逐步趋向成熟，形成自己的艺术风格；而学校的教学，尤其是小学生的美术学习过程，借助版画教学这一学习模式，使学生在将来的学习和发展中逐步养成自主学习、独立思考、自主探索、自主创造的良好心理素质和行为习惯；借"版"实践之机，行创造意识培养之实。

3. 将技法融入趣味之中

就小学生的认知发展水平而言，版画教学在小学阶段是完全可行的，而且很受小学生的欢迎。展开教学的问题在于班级人数众多，更重要的是教师怎样把版画学习的基本技能技法、制作过程融入学生的兴趣，使不同年龄特征的学生都能逐步得到刺激产生好奇心，并能始终保持一定的兴趣，这就需要教师把版画教学的概念，进行多视角、多层次的诠释。

如果说版画教学是个大框架，那么把这个大框架分成若干小框架，小学生学习版画就是若干小框架中的一个。根据小学生的认知能力和心理发展状况，可以把版画教学分成若干方面，如纸版画学习、刻纸画学习、简单实物拓印画学习等，把直接的技能技法与学生的生活经验、兴趣情感联系起来，增强其亲切感，通过一系列有趣的教学活动，使学生了解、认识和掌握版画学习的方法、过程及技能技法的运用。

在设计教学活动的过程中，教师要把握学生的年龄特征和学习兴趣。例如，低年段的版画学习，可以以"小手印""鞋底印一印"，"用玩具图章盖个印"，把印出的图形进行"具象或抽象的组合"，刻写硬纸板，印出各种图形等系列活动展开教学。又如，中年段学习版画，可以通过系列拓印干树叶等有明显纹理的实物的教学活动设计，引导学生自己比较实物拓印与刻印的区别，鼓励其自主探究学习。又如高年段版画教学，通过自己所表现的效果与名师和大师的作品相比较，找一找不同点和相同点，使学生对版画的表现形式、技法要素，有所感受、有所领悟，以培养他们的审美能力和表现能力。

这方面，台湾的版画教学活动设计非常生动和有趣。如四年级学习版画制作，通过"采集昆虫""难忘的事情""变脸""毛绒绒"等系列教学，使学生在活动中既掌握了版画表现的技能技法，又在有趣的氛围中得到艺术的熏陶。这一点很值得我们学习和借鉴。

4.借"版"脱"板"

如果说借"版"是为了培养学生综合实践能力和创新意识，那么脱"板"就是为了走出"呆板"，获得更大的创作空间，否则，学生只能成为机械的工具的使用者。

学校美术教育和其他学科一样，教师教学需要教育学、心理学、美术学等学科的理论与实践的支撑，学生学习也同样需要其他学科，如语文、音乐、自然、电脑、信息技术的实践与支撑。只有这样，教师教版画和学生学版画，才能有更大的、可以自由发挥的空间，才可以拓宽学生的视野，学生才能获得更大的发展。

凡是教学，都要有自己可以承载的语言和发展空间，否则，故步自封，停滞不前，只能导致生命力的萎缩。版画教学也是一样，版画艺术之花之所以经久不衰，正是因为它已不再是单纯地了解、认识和掌握版画表现的技能技巧和自己固有的整套教育、教学语言。它既是绘画教学的一个教学门类，又集手工制作、印刷手段等多种综合要素于一体，而且在科技高度发达的今天，版画教学更加显示出蓬勃生机，如综合版画、电脑版画的应用。因此，在小学阶段进行版画教学，体现的不仅仅是教师的教学理念、教学思想的更新与转变，我们更应该清楚地认识到，版画教学只是语言和表现的载体，不能以此作为学习的最终目的，而应借助学习版画这一过程、形式、技能、技巧，来达到从小培养学生的综合能力，使之在今后的发展中更具有竞争力、创造力的目的。因此，借"版"更应脱"板"。

美术教育正面临着机遇与挑战。在推进素质教育的今天，在提高与完善人的综合素质方面，美术教育越来越发挥出其独特的作用。小学美术教育是人生艺术教育的起点，丰富和把握好人生的这一过程，从小培养学生良好的综合素质，关键要靠我们大家共同去研究，去探索，更要去创新！

㉧㉫㉳㉿ 参考文献

［1］钟启泉，崔允漷，张华.为了中华民族的复兴为了每名学生的发展华
　　［M］.上海：华东师范大学出版社，2001.

读图中体验创作

——小学美术版画教学设计反思

一、从信息视图走向亲身体验

伴随着教与学的信息化，教学中图像的作用日趋增大，图像媒体对人们的视觉造成的影响也在逐渐增大。与人的其他感觉相比，视觉感觉越来越占据优势地位，但同时也带来了缺少亲身体验的问题。

首先，从接受的角度来看，随着摄影、电影、电视、卫星通信技术的普及，人们不需要移动身体，坐在家中也能看见世界各地的景物。但必须注意到，人眼通过这些不断更新的信息传递设备所看到的只是现实世界的图像，所获得的经验也只是间接经验，此时涉及的仅仅是"看"这一种感觉。而如果置身于大自然或现实社会中，人们在"看"景物的同时还能感受到阳光、风、雨，闻到多种气味，听到各种声音，全身的感觉器官都参与其中。

其次，从创造的角度来看，运用电脑美术手段创造的只是一种虚拟的空间。人们在运用电脑进行美术创作时，实现的仅仅是人机对话，却无法获得各种材料，无法获得运用各种工具创作艺术作品时的视觉、触觉、听觉、嗅觉等丰富多样的体验。

这就引出了一个问题：在中小学美术教育教学中，特别是小学阶段，在引导学生读图、鉴赏，运用现代信息技术拓宽视野的同时，怎样更有效、更直接地让学生亲身体验美术学习的过程，亲身经受磨炼的痛苦与快乐、成功与失败，使他们在这一过程中逐步建构和丰富自己的学习体会与经验，从而在读图的间接感受中获得亲身创作的直接体验。小学美术教育中的版画教学为学生的这一亲身体验提供了途径。

二、从教学过程反思教学设计——以小学版画教学过程为例

我的家乡

年级：小学四年级

一、教学模式设计理念

本课题教学模式是采用教师主导下的学生主学，即教师先教，学生后学的教学策略。这种教学模式的设计依据是，四年级教材中对版画知识的介绍很少，加上版画教学是集绘画、制作、印刷于一体的综合性课程，动手实践能力要求较高。因此，在要求学生课前自己搜集有关版画作品、版画制作介绍等资料的同时，更需要在教师主导下的直观演示，使学生对版画的间接感受转向直接体验更近一步。在教学内容的选择上，主要是通过对"我的家乡"这一主题的回忆和造型表现，让学生体会自己与家乡的情感，并运用版画刻制、拓印形式，达到情感与技能的统一。

二、教学目标

认知：培养学生独立思考、记忆、动手能力和创造意识。

操作：学习运用绘画、刻制、拓印等方法，提高学生的动手表现能力。

情感：通过构思、绘制、印刷等系列活动，让学生体验版画学习中的成功与失败的情感过程。

三、教学重点与教学难点

重点：根据自己对家乡的记忆，运用版画设计、刻制、拓印方式，制作表现家乡的造型。

难点：画面合理的黑白布局、刀法、肌理的应用等效果。

处理方法：

（1）教师的引导、示范。

（2）教师与学生的交流、沟通。

（3）欣赏与借鉴优秀儿童版画作品的表现方式、方法。

四、作业要求

回忆自己的家乡，运用版画的刻制、拓印等方法，表现自己对家乡的情感。

五、计划课时

两课时：第一节提出要求，构思、构图、起稿，小部分刻制；第二节刻制、试印（调整—再拓印，直到自己满意）、完成、展示、评价。

六、预见效果

大多数学生基本能完成各自的作业，有少数能力强的学生会制作出具有自己想法的作业，同时也会有能力弱的学生在版画的刻制、印刷方面存在一定的困难，需要个别辅助。

活动顺序见下表。

第一课时			
顺序	教师活动	学生活动	留意点
导入 3 分钟	一、师生对话 交流自己家乡的特点及变化，引发学生对家乡的感情，导入本节课的主题。	一、学生间交流，并与教师互动，描述各自家乡的情景（主要描述自己老家的情况），进入主题学习情境。	事先准备好多种用于刻制、拓印的工具、材料。
课题展开 30 分钟	二、1.从课前准备中展开课题。请学生介绍自己搜集版画的情况，并让他推荐自己认为比较好的表现家乡的优秀版画作品。	二、1.学生汇报自己课前搜集版画作品、知识方面的情况；有一部分学生介绍搜集经验。 2.直观教师有关版画学习的基本要求、步骤等。	提示学生刻制材料的方法。
	2.教师运用启发式，介绍版画制作的几个步骤： （1）构思、构图（起稿）。 （2）刻制（黑白布局）。 （3）试印（修版调整）。 （4）完成（签名展示）。 （5）评价（自评与互评）。 三、作业要求 分小组运用版画的设计、刻制、拓印等方法，表现自己家乡的景物。本节课先完成设计及小部分刻制。	3.学生边看、边听、边欣赏版画作品的设计制作过程。 4.学生默记版画创作的步骤和全过程。 三、学生根据作业要求动手制作版画。 1.学生构思、设计家乡的景色。 2.互相回忆，提示制作步骤。 3.学生创作版画。	提示黑白布局的重要性。 刻制过程要注意卫生和安全。
简要小结	四、教师待学生自主评价后简要小结	四、先让学生小组内评价构思、设计；听教师小结并布置下节课的任务	互相提示，学会清理环境卫生

续 表

第二课时		
顺序	教师活动	学生活动	留意点

顺序	教师活动	学生活动	留意点
导入 课题 展开 小结	一、导定向。请学生简单回顾上节课学习内容，教师提示本节课要完成的任务重点和难点：黑白布局的刻制、肌理效果和修版完成，提醒学生要互相帮助。 二、导运作、导评价。继续上节课作业，直至印刷、签名最后完成。学生互相观摩版画作品，简单交流经验。 三、导激励。教师对全程做简要总结	一、自定向。自己独立或同桌间互相检查刻与留的布局、刀法、肌理等效果，并预见完成目标。 二、自运作、自评价继续刻制、试印、再调整，尝试多色拓印、错印、合作印等方法，完成作业、展示、评价过程。 三、互相激励。在学生自评、互评和教师评价中获得激励	提示版画的表现特点：黑白的对比，刀法的运用等。 在学生自定向目标时，教师要引导其从小处入手，逐项解决问题。 在运作时提示学生握刀的姿势、用力方法。

课后反思：两课时的版画教学，虽然已基本达成教学设计目标，达到预见效果，学生的作品展示也能显示出体验过程，但从课题的整体构成来看，设计的重点和难点在学生学习过程中得不到明显解决，特别是学生自主学习的过程，体验时间和空间不够，即教师讲授得太多，学生体验版画制作的时间太少，教与学没有平均使力，使学生的自主学习仍处于被动状态。这与本课题的整个教学模式理念不太相符。

因此，在考虑上述问题后，笔者重新调整教学模式设计，在前两课版画教与学的基础上，采用主导（读图）、主学（目标）与自学（体验）、辅导（层次）相互交替的思路，并重点突出学生的体验与感受，把更多的时间留给他们经历读图、构思、绘图、刻制、试印、调整，到最后签名完成的亲身体验过程。

三、从体验过程中突出主体感受

（一）明确"读图"目标，变"读图"为"制图"

（1）以读图为切入点，反映自己周围的学习生活。

（2）运用版画形式学生课前自主准备、课中调整、课后延伸。

（3）以小组为单位开展组内学习、版画作品评价。

（二）主学与自学相交替，培养自主探究意识

（1）自己确定本节课要完成的学习目标并预见效果。

（2）自主准备、搜集反映周围生活的素材、工具等。

（3）重点突出和反映自学过程中的体验和自我评价环节。

（4）通过自评、他评，达到互相学习、共同进步的效果。

（三）从读图中体验教与学的感受

（师生交流）

师：通过几节版画课的学习，学习版画与学习其他画种有什么区别？

生1：我觉得版画学习更难，但很有趣，更好玩！

师：为什么这样说呢？

生2：因为学习版画，既要画画，又要刻画，刻完以后还要印刷，但印刷作品出来后心情很激动，也很高兴！

生3：我觉得版画学习比蜡笔画、水彩笔画要难。

生4：特别是不知道哪些地方应该留多一点儿黑，哪些地方应该刻掉！

生1：学习版画虽然很难，但还是比画其他画更有趣。

师：你们觉得学习版画最大的困难是什么？

生5：我觉得刻刀有时候不够有力，刻的线条不够好看！

生6：我觉得黑白安排不是很明白，有时候会刻掉不应该刻掉的地方。

生7：印刷时油墨滚多少没有把握，太多了，印出来的作品会模糊；太少了，会印得不均匀。

生8：刻刀有多种，但我不知道这么多种刻刀的不同用法。

…… ……

师：我们版画课才上了几节，你们多刻几块版，多看一看其他优秀的版画作品，都会有更多的收获！

…… ……

师：你们觉得学习版画时有没有特别高兴或者特别伤心的时候？

生5：有呀！当不小心把设计好的地方刻掉的时候，我心里多伤心，想哭的感觉！

生9：当我刻制的版画印出作品来的时候，我的心里非常激动，我成功了！我很想多印几份送给我的好朋友！

生10：我有时候看到别人比我画得好、刻得好，作品效果很好，而自己的作品不好的时候，心里有一种难受的感觉。但我暗下决心，一定要学好版画，我不比别人差。

师：请你们给老师提点新的意见或者要改进的地方，使你们学得更开心。

生1：多给我们看一看表现刻刀方法、表现黑白、表现我们自己生活的作品！

生2：能不能让我们两个人共同合作，一起刻制。

生3：最好多给我们几节美术课，让我们有更多的时间来学习版画。

师：同学们都说得很好，说明你们已经有了自己的学习体会，希望你们多留意和关心自己周围的生活，有机会多看一看有关版画艺术方面的知识，自己搜集版画学习的知识，相信每位同学都能成功！

……　……

四、从对比中感悟教学反思

从两次上课的对比中，可以感悟到以下几点：

（1）教学设计是服务型设计。以前教学设计，只重视怎样教，很少重视学生是怎样学的，让学生围绕设计好的路线被动地学习。通过课堂教学反思，把自己教的心态更向学的心理靠近，教学设计就成了为学生学习服务的服务型教育过程。

（2）主导与主学、自学与辅学灵活运用。教与学的环节都各有其作用，有的课题需要教师主导，在主导中发挥学生的主学作用。如果缺少教师的主导，学生的学习就会处于没有目标的乱学状态。同样，过多的主导而缺少学生的自学，学习始终处于被动状态，这就更需要教师或能力较强学生的辅学。而在实际课堂教学中主导与主学、自学与辅学又是交互运用的。

（3）让学生从信息视图中走进视图创作体验。学生在欣赏作品、感受作品的时候，怎样从"读图"提高到"制图"层面，怎样把看到的、听到的，运用自己的亲身经历，变成动脑、动手的实践能力，这将是我们每位教育工作者所面临的研究与反思的新课题。

参考文献

［1］朱幕菊.走进新课程［M］.北京：北京师范大学出版社，2001.

［2］钟启泉.美术教育展望［M］.上海：华东师范大学出版社，2002.

美育无处不在

——考察香港地区学校美术教育掠影

我有幸随学校英语科组去香港参观考察了香港公立、私立的多所学校。通过细致的参观考察，目睹了他们的教育，印象深刻，感触良多。下面我就香港澳洲国际学校、大埔旧墟公立学校（宝湖道）的美术教育教学情况做简单的介绍与比较，以供读者了解和探讨。

一、以主题活动形式开展艺术教育

我在参观过程中重点考察了他们的美术教育教学。香港澳洲国际学校是澳洲教育界人士1995年在香港开办的一所私立学校。全校34个班，从幼稚园教育一直到高中12年级（相当于国内的高三年级）教育，承担了学生就读大学前的全部教育过程。全校学生900人左右，约有60名教师。每个班的学生人数一般都在15～25名，最多也不超过30名，类似于内地部分学校现在试行的小班化教育形式。

在进入学校后，一位六年级的男生带领我们去参观了四年级的英语课。我们悄悄进入四C班的教室，教室里12个学生和一位年龄约45岁的男教师（该校全部为外籍教师）正在上课。老师看到我们进来，就主动小声和我们打招呼。整个教室的设计和布局，在很多地方只有在幼儿园里能看到，环境非常适合这个年龄段的学生。我悄悄地问一位看似是亚裔的男生："你们什么时候上美术课？"他先是一惊，后用粤语回答说："没有专门的美术课，老师要求我们用图画的方式来完成作业时，我们才开始学习用彩笔或剪纸等材料去制作。"我对学生的回答半信半疑，因为教室里呈现的许多学生作品水平都不低，不是一般学生自己随随便便就能制作出来的，没有专业教师指导很难完成。

我得知，在五楼刚好有一节九年级的手工制作课，在征得上课教师的同意后，我带着摄像机、数码相机轻手轻脚地进入教室。这是一间70多平方米的手工制作室，有11位来自不同国家的学生正用铁丝在木板上制作类似雕塑的底座，而任课教师也在边讲述边制作。教室四周摆放着学生已制作完成的各种立体和平面的作品。有不同造型、不同色彩的软雕塑，有在万圣节使用的造型各异的面具，也有素描习作和学生的版画作品。更引人注目的是，许多套用来喷绘的功能各异的喷枪设备，以及已经制作完成的各式椅子造型。我们了解到，学生所需的材料全部由学校免费提供……看到这些，我深感西方教育与我们的教育之间在学习条件上的差距。

在和学校主管座谈时，当我问到该校如何进行美术教育时，Sue Mc Millan校长介绍说："我们学校没有专业的美术教师，你所看到的如图画、设计等教学只是艺术课程中视觉艺术的组成部分。这些艺术课程的具体教学是由学校外聘的艺术教师承担的。负责班级管理的教师在开学前制订主题。根据这一主题，各门相关的课程或者运用图画、音乐的形式，或者运用戏剧、舞蹈的形式，或者运用电脑、游戏的形式来围绕这一主题开展教学。这样，在主题活动中锻炼、提高和发展了学生学习各门课程的能力。同时，根据学校的规定，教师每周都必须带自己班级的学生外出进行社会实践活动。这些活动包括参观博物馆、美术馆、科学馆、画廊等各种艺术文化场所，还包括参与社区活动，等等。艺术教育已成为学生学习、生活的一个重要组成部分……"我们原来认为这种理想型的美术教育，是难以操作的，没想到在这里却成了现实。我深深感到如果我们的艺术教育也有这样的内部、外部的教学条件，相信我们的学生会有更大的发展！

二、美术教育渗透于日常学习、生活中

香港大埔旧墟公立学校（宝湖道）成立于1964年，有近40年的历史。学校由本部（1）小和分部（2）小两个校区组成，分部（2）小的环境相对差一些。班级的人数一般都在30人以内，全部实行全日制教学。

学校的外景和建筑没有香港澳洲国际学校优美恢宏，但进入学校大门后，许多类似于深圳学校的各种文化宣传活动的展板就呈现在我们面前：有宣传《香港基本法》、五四运动等内容的，有推广普通话、介绍各种传统节日等内容的，还有关注学生的生日情况的宣传栏……更引起我们注意的是，依据该校

环境设计了颇具特色的中国文化长廊，其内容都是宣传中国古代、现代文化的名人名言、与猴年有关的《西游记》中的《三打白骨精》等的故事与情节及柳公权、颜真卿的书法等，中国文化在这里荟萃。

据校长林惠玲女士介绍，该校非常重视中国传统文化和现代文化相结合的教育，同时也非常注重学生的保护环境意识的教育。把这些教育与美育相渗透，把审美教育始终贯穿于日常教育教学中。在美的文化、环境中启迪学生发挥各自的潜力。在谈及具体的美术教育时，林校长说学校有美术教育专业的教师，他们既要承担一定的美术教学辅导任务，又要做好学校的各种文化宣传、绿化工作，任务非常艰巨。各年级教师除完成好各自班级的美术教学，设计、制作外，还必须配合学校开展活动，共同完成学校的学校文化、环境绿化建设。从学校的整个文化、绿化的显性信息中处处传递出学校美育、多元文化的隐性教育内涵。

三、思考与探讨

这次参观考察引发了我们许多思考也给了我们很多启发。

首先，小班化教学所呈现的有利条件。参观时留给我们印象最深刻的是两所学校的班级学生都较少，一般都在15～25名，最多也不超过30名，完全实现了小班化教学。这与很多学校的60多个学生的班级形成了很大反差。班级学生人数太多成为我们提高课堂教学实效的一大难点。

其次，优美的教学环境更利于师生的身心发展。由于实行小班化教学，班级的很多空间都可以设计成优化教学内容、美化学习环境的格局。美术学习的概念在学校、班级里能处处得到体现。师生在这样的情境中互相交流、沟通、共同提高，使他们在体验的过程中自然而然地发挥了自己的个性与潜能，真正成为教与学的主人。

再次，美育渗透在学习、生活中。在参观两所学校的过程中，我始终有一种"美育无处不在，但又找不到刻意教育的痕迹"的感受，这与他们的教育理念、教师的综合素质有关。

在很多地区，美术教育的方式、途径主要是美术教师单方面来培养和提高学生美术学习的能力。我们关注更多的是美术技能技巧的传授与提高，这给没有受过专业训练但肩负同样美育使命的其他学科教师，尤其是语、数、英科目的教师，设置了主客观的心理障碍和行为障碍，使美术教育的途径变得狭窄。而我们所参观的学校则不同，虽然他们的美术教育水平没有我们专业，但他们几乎每个教师都有日常美术教育教学所需的技能技巧，使学生获得美育的途径更加宽广，使美育真正渗透于日常的教育教学过程之中。

新课程 新思路

——中小学美术课程标准学习培训模式初探

一、培训模式的再思考

参加过各种类型的有关美术教育教学方面培训的教师，都有一种这样的体会：尽管培训部门、培训专家，都想尽可能地提高培训的质量，使前来培训的学员"高兴而来，满意而归"，但实际效果往往与学员所期望的不同，有时事倍功半，有时收效甚微。这样的培训，不但浪费了培训部门、专家的大量时间和精力，浪费了培训学员好不容易外出学习的机会和学校的一笔开支，而且降低了学员对培训部门、专家指导的期望和信心，从而影响了美术教育教学质量的提高。

这种美术教师培训模式，几乎都是由专家讲、学员听；专家是主角，学员是配角。尽管近一两年也引入一些互动形式，但仍改变不了这种培训模式的现状。在这类培训中，从专家与学员之间的关系来看，不外乎有以下几种类型：

第一，"意念"互动型。所谓"意念"互动，是指专家所讲的内容能与学员所需的知识引发沟通。尽管是"满堂灌"，但由于专家在讲课前比较了解和熟悉培训学员的需求，并能有针对性地从美术教育教学理论到实践，进行有效指导，在意念上能与学员联结。虽然是"你讲我听"的传统型讲座，但由于触及学员的实际，因而能引起学员的共鸣，仍为学员所欢迎。

第二，专家"自动"型。专家"自动"型主要是指专家按照自己的学术观点，进行纯理论性的专题讲座。所谓纯理论，就是从学术或抽象的角度，把美术教育教学的一些新思潮，运用于指导中小学美术教育教学的理论。这种培训模式缺乏相关的实践例子，尽管台上专家讲得"有声有色"，但台下学员却"乏味乏力"。这样的培训效果自然无法使学员产生共鸣。

第三，"形"动"心"不动。"形"动"心"不动主要是指专家设法互动，但学员却没法"动"。这种现象往往出现在专题讲座"泛而空"，涉及的内容没有实质性的东西的时候。尽管后来会留出一点儿时间，让学员向专家提些问题。但由于学员长期习惯了这种"只听不讲"的培训方式，加上内容的枯燥，就算专家满腔热情，后来也只能是冷场收兵，学习效果也是"空空如也"。

近些年来，特别是近一两年来，随着课程改革的进一步深入，美术课程的第一批实验区已初步取得了阶段性成果。随着实验区的进一步扩展，对实验区教师新《美术课程标准》的学习、实验教材的岗前培训，显得更加迫切和重要。"成也教师，败也教师"的含义，更体现了教师肩负的历史责任。因此，探索一种培训者与受培训者互相沟通、能体现专家的理论指导的培训模式，成为广大中小学美术教师具体实践的有效途径，已是当前迫切需要解决的问题。

深圳市罗湖区美术教师《新美术课程标准》学习培训模式，为当前的培训工作提供了更有效、更灵活、更平等、更开放的新思路。

二、以课例为点，专家引导为线，专家与教师交互为面，打造培训新模式

第一，以课例为点——引出话题

以课例为点，主要是指在专家在报告中有针对性地让参加培训的中小学美术教师，通过观看录像课例引出培训话题，并在观看前布置必须思考和书面回答的问题。这些问题的设置如下：

（1）你对这样的课堂教学方式有什么看法？

（2）本节课的教学思想与新的《美术课程标准（实验稿）》的要求有哪些联系？

（3）假如让你来上这节课，你有其他更好的方法吗？

（4）这节课例，对你以后的教学有什么启发和帮助？

同时，留给教师一定时间，在现场用书面形式写出自己对该课例的看法，注明学校和姓名呈交给专家，供专家归类和筛选。

这样做的好处是：①让专家现场了解和掌握全体教师最想解决的问题和需求；②通过课例，让教师更亲切地走进自己最熟悉的课堂实践，更能实话实说，有感而发；③专家和教师能共同发现课例中出现的问题，成为学习、讨

论、指导的客观依据。

第二，以专家指导为引线——展开话题

专家根据课例，指导教师观看时，既要站在旁观者的角度去客观对待，又要以自己的角色主观参与。因此，当专家在整理教师所呈交的材料时，会很明确地筛选出与课例相关的内容，并把教学中有代表性的问题，作为节点加以串联，使讨论过程始终围绕与专题内容紧密联系的主线来展开。

这样做的益处是：①专家在倾听教师意见时，很自然地进入话题讨论，而不会浪费时间；②专家在和教师对课例讨论时，既能主动地提出某位教师的观点，又能及时把握讨论的氛围，避免了会场无人讨论的尴尬局面的出现；③能恰当把握所提问题的代表性，因而更能引发众多教师有感而发，活跃交流、互动的气氛。

第三，以专家、教师交互为面——深入话题

这一阶段不仅是专家与教师交流、互动的阶段，更是教师与教师之间，进行现场直接交流（甚至正面交锋）的最灵活、平等、开放的阶段。从而把美术教师培训的整个过程推向了高潮。在这一过程中，专家的"主讲"角色已隐退为"引讲"，全体教师由原来的"听讲"已上升为"主讲"。此时，专家与教师的关系进行了一次转换。两种角色在此时此刻已成为彼此沟通、彼此交流、彼此共同探讨问题的合作伙伴，成为学习、交流、互动的整体。这样的培训场面显示出前所未有的蓬勃生机。

实例背景：深圳市罗湖区中小学美术教师《美术课程标准》学习培训班。

观看录像：小学课例"花果飘香"、中学课例"绿洲"。

观前布置：4个必须认真回答的思考问题，以书面形式汇总给专家。（问题与录像内容略）

实例过程：

专家引问："有教师对小学课例中的教学方式很有感受，请一位教师发表自己的看法。"

教师1："课例中教学方式的运用、过程使我很受启发。画水果的课我也上过，只是对学生以想象画、自由画或者写生画的形式加以辅导，没有想过运用多种感官，让学生主动地去触摸、自由组合水果，再去主客观地表现水果。这样的教学方式，能给学生更多的发挥空间，更有利于对学生创新意识

的培养。"

…… ……

专家引问："是不是这节美术课的教学形式已经比较完美，有没有其他更好的教学思路？"

教师2："有！我认为该课例的教学导入部分，完全可以打破以儿歌引入的方式。假如让我来上这节课，我的导入部分，会设计成用布口袋装入各种水果，让学生伸手去触摸，并猜一猜所触摸的水果的颜色。教学重点会放在让学生表现自己触摸不同水果形与色时的各种感受上。"

教师3："这节课的教学评讲不好。没有体现评讲对学生学习的帮助、激励、促进作用。"

专家引问："你有没有想过比这种评讲更好的方法？"

教师3："暂时没有。请其他人帮我想想看！"

教师4："我有！我会把评讲环节体现在教学过程中的多个学习环节中。如组合环节、构图环节、作业环节，而不单独设在作业完成后的效果评讲环节之中。"

…… ……

专家引问："有位中学老师对课例有质疑，请××老师发表意见，大家共同探讨。"

××老师："看了这节课后，我认为它不是一节美术课，而是一堂思品课，不是美术教师也能上这样的美术课。如果说是美术课，美术教师的作用在哪儿？美术课的学科特征又体现在什么地方？"

教师5："我反对你的看法，中学美术课本来就不好上，这样上为什么不可以呢？"

教师6："这节课很大的特点，就是只听老师讲，学生被老师牵着鼻子走，看不出好在哪里？"

教师7："我觉得这节课，能给我们很多启示，不成功的地方便是我们要研究的地方。"

教师8："请问专家，对这样的课你有什么自己的观点？"

专家答："……"

…… ……

　　随着问题的进一步引发，专家与教师之间、教师与教师之间围绕《美术课程标准》的学习、讨论更加深入。最后，专家进行了总结性的讲话，收到了培训教师的热烈掌声，培训获得了较大的成功。这样的培训，与其说教师听专家讲，专家和教师一起讲，不如说专家和教师合作，成为一个共同交流、探讨、提高的过程。

　　教师培训的最终目的，在于提高教育教学的整体质量。深圳市罗湖区美术教师培训模式的尝试，无疑为将来的教师继续教育、培训提供了一种新的思路。

我的藏书票教学设计

课题名称	《我的藏书票》		
科目	湖南版《义务教育课程标准实验教材小学美术》	年级	五年级下册
教学时间	1课时		
教材分析	（1）本课题是湖南版《义务教育课程标准实验教材小学美术》五年级下册第七课的教学内容。教材原本要求学生在了解、认识藏书票的基本知识的基础上，运用传统手工版画材料——吹塑纸板，通过画、刻、印的表现方法，设计制作自己喜欢的藏书票。但教师根据我校五年级学生已有版画学习基础的实际情况（本校曾承担过中央教科所"十五"规划课题版画造型子课题的实验工作，所以本年段学生已经基本熟悉和掌握了传统版画学习的过程），把这一教材主题设计为学生学习运用电脑绘画软件制作出具有相当于手工版画效果的藏书票的电脑美术课堂教学。 （2）根据本课的教学需要，在设计、制作藏书票之前，教师引导学生课前阅览相关图书内容，并复习和加深对版画基本特征的理解，以便为学习掌握电脑版画藏书票内容的设计做好铺垫工作。 （3）本节课学习的重点在于，在了解版画知识，用吹塑纸板材料印制藏书票的方法的基础上，进一步学习掌握、应用电脑软件制作一幅具有版画特征的电脑藏书票。因而本课又是一节集文化小知识、美术造型表现和信息技术应用为一体的具有学科整合意义的创作课		
学生分析	（1）五年级下学期，绝大部分学生对绘画表现虽然有了一定的造型基础，对运用版画形式印制藏书票的学习过程也有了一定的了解和操作经验，但怎样运用电脑信息技术与美术造型结合起来提高综合学习趣味还存在一定的认知、能力上的困难。这就需要教师对学生进行美术造型和信息技术素养教育的有效引导。 （2）根据这个年龄阶段学生身心发展的特点，他们在美术学习上往往喜欢新奇、好玩、有兴趣而又能快速获得成功，提高自己绘画能力的表现方式。尽管教材中所要求的运用吹塑纸板材料印制藏书票学生也感兴趣，但这种教学方式还是属于比较传统型的美术教学方式，对造型能力强的学生来说比较容易做到，但对于造型能力相对弱的学生来说还是比较困难的。		

课题名称	《我的藏书票》		
科目	湖南版《义务教育课程标准实验教材小学美术》	年级	五年级下册
教学时间	1课时		
学生分析	因此，要寻找一种基本适合不同学生的，新奇的，学生又感兴趣的教学平台，就需要教师既要有教学思想上的大胆创新，又要找到符合这一年龄段学生认知能力、发展水平，具有实际可操作性的造型表现的方法。电脑版画造型软件为本课提供了符合教学要求的基本途径。 （3）五年级学生平时信息技术课程的学习，为应用电脑绘画造型提供了操作基础和基本学力		
设计理念	（1）本课根据以上对原教材的深入分析、重新解读，结合五年级学生实际认知发展水平，在既充分尊重教材，又灵活运用、创新教材的理念指导下，把教材中的传统纸版画制作"藏书票"的主题与现代信息技术教育结合起来，设计成为运用电脑绘画软件Painter IX制作出具有传统版画特征的藏书票的电脑美术课程。 （2）以绘画造型表现学习为基础，以信息技术运用为条件，努力为学生创设一种教师有效引导、学生自主探索，体验信息技术与美术造型相结合的学习过程，使学生学科学习不断进步，信息技术能力和信息素养不断提高的整体审美学习情境。		
教学目标	一、知识与技能 （1）了解藏书票、电脑绘画造型的相关基础知识。 （2）学习和提高使用简单的绘画工具设计与制作藏书票的造型表现的应用能力		
	二、过程与方法 （1）通过了解、收集和交流学习藏书票的知识，运用电脑专业绘画软件的实践操作，营造体验情境。 （2）调动学生探索电脑版画与传统手工制作版画不同造型表现的学习积极性		
	三、情感态度与价值观 （1）培养学生把知识相互联系、促进的意识，认真细致工作的好习惯。 （2）把藏书与读书、美术学习与信息技术相互融合，以情养性，培养学生的综合素养		
教学重难点及解决思路	重点： （1）运用电脑绘画工具制作一幅或一套藏书票。 （2）作品要具有版画特征。 难点： （1）对电脑绘画工具的熟练操作。 （2）对所设计藏书票形象造型的基本把握。 （3）对电脑版画效果的理解和运用等。		

课题名称	《我的藏书票》		
科目	湖南版《义务教育课程标准实验教材小学美术》	年级	五年级下册
教学时间	1课时		
教学重难点及解决思路	解决思路： （1）课前指导学生了解藏书票的基础知识，手工版画制作与电脑版画设计造型的不同，逐步学习掌握电脑制作版画藏书票的造型过程。 （2）与信息组任课教师协作共同指导学生了解、认识绘画工具的基本过程和操作要点。 （3）辅导学生掌握简单电脑绘画徒手造型的基本步骤、方法和应注意的问题		
教学资源准备	教师：让学生欣赏手工制作的藏书票和电脑制作的藏书票作品，准备多媒体教学课件。 学生：课前设计好藏书票作品草稿，对电脑软件Painter IX绘画工具有简单的操作能力		
作业要求	基本要求：了解藏书票的作用，会使用电脑绘画工具设计制作具有版画特征的藏书票。 较高要求：在基本学习欣赏、评议不同工具、材料制作的藏书票作品的基础上，设计制作出较精美的藏书票。		
教学过程			
教学活动1	（一）创设悬念，引出课题 （1）教师把课前准备好的多种藏书票放在一个大信封里交给各组小组长。上课后，教师要求各组小组长把老师给他的信封打开，以引起学生的学习兴趣；同时，通过这一导入形式，引导他们对多种藏书票不同形式进行比较，引出本课的主题。 （2）这一环节设计在为教师提出本节课思考问题的同时，也为学生小组内互相交流藏书票的有关知识做了铺垫。 （3）教师提出有关藏书票的问题，学生在小组内交流后回答（回答可以是自己知道的问题，也可以是不明白的问题）。 （4）教师板书课题，同时播放多媒体课件——"我的藏书票"		
教学活动2	（二）活用教材，拓宽知识 （1）本阶段学习藏书票的基本知识和制作方法。教师引导学生先自己阅读课本内容，了解本课的学习要求，之后拓展与课本内容有关的知识。 （2）问题思考，教师引领。除了课本所提供的学习信息外，你还了解藏书票的其他作用、意义吗？藏书票由哪些内容构成？成人设计的藏书票与我们学生设计的藏书票有什么不同？设想一下：运用电脑软件是怎么制作出具有版画效果的藏书票来的？它有什么要求？		

课题名称	《我的藏书票》		
科目	湖南版《义务教育课程标准实验教材小学美术》	年级	五年级下册
教学时间	1课时		
教学活动2	带着这些问题，师生一起运用信息技术手段去学习、探讨。展示课件，师生互动、交流： ① 简单认识藏书票的意义和历史起源。 ② 了解藏书票的内容和基本构成		
教学活动3	（三）欣赏优秀作品，提升审美意识 欣赏不同层面的作品，比较不同造型的表现效果。师生一起走进藏书票的欣赏世界；课件展示成年人、中学生、小学生设计制作的多种形式的藏书票作品，展示这些作品的形式、题材，为学生自己学习创作提供信息		
教学活动4	（四）直观操作演示，突出学习重点 （1）重点介绍怎样运用电脑Painter IX软件设计制作具有版画特征的藏书票的基本过程：先用手工设计好草图——在Painter IX（或者用金山画王、Photoshop）新建好藏书票的基本规格——用"画笔"开始绘制造型（用金山画王、Photoshop制作的图片必须要保存在另外的文件夹内，以便最后制作版画特征的藏书票时调用）——在基本完成藏书票造型后，打开菜单栏上的"效果"选项——选择"表面控制"选项，再选择与版画效果有关的项目自己进行调试，最后要求选择该项目中的"木刻"选项，并在所出现的对话框里进行不同效果的制作，直到符合作业要求和自己满意为止——提交作业。 （2）出示本节作业要求：运用电脑绘画工具设计制作具有版画特征的藏书票。播放背景音乐，同时把学习的重点和难点用板书写在黑板上，以便给学生制作提供学习信息		
教学活动5	（五）自主探索造型，体验学习过程 （1）学生开始制作，教师巡视辅导，对所发现的普遍问题，教师要进行及时的指导。 （2）对电脑造型能力比较弱的学生可以安排两个学生一起制作完成，但必须要求一起轮流动手进行互助制作。 （3）对电脑制作能力较强的学生要求其造型要有新创意，制作也要仔细。 （4）提醒全体学生要养成及时保存的良好习惯		
教学活动6	（六）小组点评欣赏，体会作品评价 （1）教师把学生完成的作业进行课件分组展示。 （2）互相观摩、交流制作完成的藏书票的作品。 （3）小组派代表对其他小组作品进行评价，并提出自己小组作品设计建议。 （4）再议一议：藏书票有些什么内容？你喜欢什么样的藏书票？		

课题名称	《我的藏书票》		
科目	湖南版《义务教育课程标准实验教材小学美术》	年级	五年级下册
教学时间	1课时		
教学 活动6	（5）学生总结：电脑制作藏书票的技术要素，设计内容的选择：人物、动物、花卉、景物……藏书票的构成形式、尺寸大小、色彩等。请学生用一句话说出其当天的收获		
教学 活动7	（七）总结归纳，课后拓展 （1）教师简单小结：你还了解藏书票的其他知识吗？你是否可以用其他软件制作藏书票？ （2）指导学生课后自己通过网络再收集一些自己喜欢的藏书票与大家分享，并提示日常美术学习用的绘图处理软件和网络搜索地址供学生参考。 （3）本课学习结束		

"玻璃"水彩教学设计
——湘美版四年级上册第6课

一、分析教材，确定教学思路

（一）教材分析

1. 从教材的要求看

本课主要是运用水彩或水粉颜料在玻璃板上与水结合的不确定因素，激发学生学习兴趣，使学生掌握简单的制作技能并体验这一学习过程。

2. 从学生认知发展能力看

四年级学生学习绘画喜欢用不同形式进行造型表现。玻璃板上颜料与水的不同变化，能够激发学生的表现兴趣和想象能力。

3. 从学生现有学习条件看

教师为全班学生准备好玻璃板不太实际，要求学生自己携带大小不一的玻璃，来学校上美术课，也存在一定的安全风险。所以，本课要充分考虑到这一客观存在的实际问题。

4. 解决上述问题的方法

在不吸水的桌子上模拟玻璃板进行印画，而后，用课前准备好的抹布把桌面打扫干净，以解决本课教学过程中存在的学习材料的问题。

（二）确定教学思路

通过以上对教材的分析，又根据新的《美术课程标准》对三、四年级造型表现的"应引导学生主动尝试不同材料，探索各种造型方法"的要求，我确立了本节课的教学理念是：以引导、探究教学为主，与教师传授、示范相结合，鼓励全体学生参与探索，集体教学与个别辅导相结合的整体教学理念，以此来激发学生的学习兴趣、动手操作能力和思维想象能力。

二、确立教学目标，突出重点、难点

（一）教学目标

1. 审美目标

通过教学活动，引导学生运用水彩或水粉进行有趣的造型，激发他们学习转印绘画的兴趣，培养其对某种形式作品的欣赏能力、想象能力。

2. 知识目标

能简单认识和了解水彩或水粉在转印过程中的基本知识，体会印制中颜料与水混合，进行色彩造型的基本过程。

3. 技能目标

学习在不吸水的材料上，运用水彩或水粉颜料与水的特性，掌握其基本的制作方法和技能。

为了实现本课的教学目标，我又设计了以下教学重点和难点。

（二）教学重点、难点

1. 重点

在桌面上用水彩或水粉材料、绘画工具，印制表现一两幅色彩鲜艳的水彩转印画。

2. 难点

怎样把握与运用水彩或水粉颜料与水的比例的转印关系？

（三）解决难点的设计思路

（1）教师现场制作作品的直观演示。

（2）学生优秀作品与信息素材的展示。

（3）对难点部分的反复强化。

（4）示范作品的参考和个别辅导。

基于本课的教学理念，根据教学目标，为了更好地突出教学重点、突破教学难点，我采用了以下教学策略。

三、教学策略的设计与运用

1. 教法选择

（1）采用直观演示法使学生了解和认识"玻璃板"上颜料与水的比例关

系，促进他们的感性认识。

（2）运用新授、操作练习综合法使学生理解和掌握"玻璃板"上颜料与水在转印过程中的基本表现方法，培养他们的想象力、理性分析能力。

2. 学法指导（三个层次）

（1）对能力较强的学生运用情景添加的形式，指导其向更高的层次努力。

（2）针对本班大多数学生的学习能力，运用语言引导与直观示范相结合的方法，辅导其完成本课所提出的作业要求。

（3）对能力差的学生，采用直观示范的方法，以及让能力较强学生帮助能力差学生学习的方法进行辅导，使其克服学习困难，有所进步和提高。

根据《美术课程标准》对三、四年级"造型·表现"学习领域的要求，为了实现本节课的教学理念、教学策略，达成教学目标，突出教学重点，突破教学难点，在教学过程中我是这样设计的。

四、教学用具准备

1. 教具

多幅已经完成和仍未完成的"玻璃板"印制的示范作品，水粉颜料、工具等，多媒体展示课件，可供现场示范的活动"玻璃板"、多种纸材及毛巾等。

2. 学具

水粉颜料、笔、塑料小水桶及其他用具，白纸和旧毛巾等。

五、教学课时

1～2课时。

六、作业要求

（1）在"玻璃板"上或不吸水的课桌上尝试用水粉或水彩颜料和工具印制1～2幅水粉或水彩画。

（2）要求可以用笔少量添加形象。

七、教学结构与过程

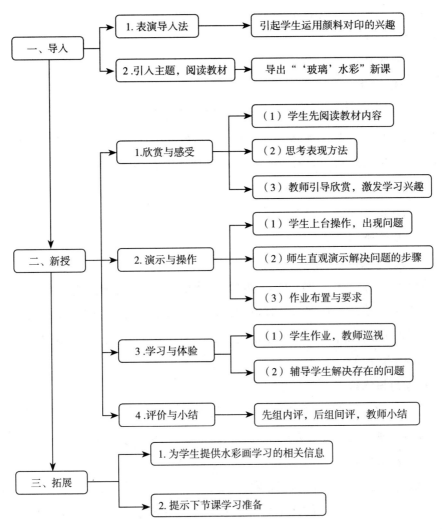

（一）导入

1. 运用表演导入法（教师表演颜料对印的图片）

导入环节是根据四年级学生喜欢新、奇的心理特点，和新《美术课程标准》中对四年级"造型·表现"学习领域的要求来设计的。同时，通过教师手中颜色对印表演，引导学生自己阅读课文内容，并启发学生思考和比较的学习思维。

2. 引出"'玻璃'水彩"主题

通过上一环节的印画表演和学生阅读教材，自然引出了本课主题——"'玻璃'水彩"。以上设计既要激发学生的学习兴趣，又要引发他们亲手尝试的欲望。

（二）展开

1. 欣赏与感受

① 学生自由阅读教材内容；②学生思考教材中的表现方法；③教师引导学生欣赏教材中的作品，提高学习兴趣（展示教师引导学生一起分析、欣赏水彩画制作、颜料重复对印的图片）。

设计这一环节主要是先让学生自己根据教材所提供的资料进行自由欣赏，使其有初步的印象。同时教师提出思考的问题。然后，教师再引导学生欣赏，使学生有更准确的欣赏要求。

2. 演示与操作

① 学生上台操作，印画时出现颜料与水的比例问题、颜料是否要进行互相调和等问题；②教师直观演示解决问题并提示制作印画的步骤（展示在桌子上制作的水彩画的图片）；③作业布置与要求（本节课作业：尝试多种效果，制作一两幅水彩画）。

3. 学习与体验

① 学生完成作业，教师巡视（教师用课件循环展示作品信息供学生参考）。

② 辅导那些能力比较差的学生解决制作过程中存在的问题。

4. 评价与小结

先组内评，展示各小组的优秀作业，后组间评，教师小结。

以上"新授部分"的四个环节的展开，都是根据《美术课程标准》中的"造型·表现"学习领域来设计教学的，也是本课的教学重点之所在。

（三）拓展

设计拓展环节是为了让课堂学习内容更好地向课外学习扩展和延伸。

（1）为学生提供相关学习资料（特别是既有印的画面，又有用笔画加工的水彩画作品，供给学生课外自己模仿与创作学习）。

（2）提醒下节课学习准备。

八、教学反思与小结

1. 反思

同样的教学，不同班级的学生在学习过程中所表现出的教学效果有所不同。双语实验班的大部分学生在这一过程中都能有自己新的发现和造型表现，而且所呈现的作业效果也体现出曾尝试多种方法。与双语实验班相比，普通班只有一半学生能基本进行接受性的尝试和造型，也有个别学生的作业有一定的原创性，能与双语实验班优秀学生的作业相媲美。这说明学生的学习与班级的整体学习以及教师是否给予过多关注有一定的联系。所以，教师在具体教学中应该对学生提出分层次要求，而且更多地关注普通班学生的学习，做到因材施教。这样，才能尽量满足和挖掘不同层次学生的学习需求与潜力，尽管教师教学很辛苦，但从学生的长远发展看，这样的过程是值得的。

2. 小结

本课根据《美术课程标准》中的"造型·表现"学习领域的要求和对教材的分析以及学生的实际情况来设计教学。教学设计体现了以引导、启发、探究为主，启发与传授、鼓励与探索相结合的教学思路，激发了学生的学习兴趣，培养了学生动手操作能力和思维想象能力。通过实际教学和学生所呈现的学习作业，可以看出本节课基本实现了教学设计的教学目标，达到了预期的教学效果。

九、教学过程和学生作业

略。

走近美国美术教育

——记赴美国蒙大拿州米苏拉地区中小学美术教育考察研究报告

一、平凡的课堂折射出不平凡的教育思想

在谈美国艺术教育，准确地说是美术教育之前，我简要介绍一下这次赴美国蒙大拿州学习所在的地理位置。美国蒙大拿州（Montana）位于美国西北部，北临加拿大，南与怀俄明州（Wyoming）接壤，西边是爱德华州（Idaho），东面紧临南、北达科他州（North and south Dakota），为美国的第四大州。米苏拉市（Missoula）处在蒙大拿州西面四周环山的谷地内。米苏拉市是一个自然条件非常优越，四季分明，空气清新净洁，人与动物和谐相处的地方。该市以灰熊图案作为其城市标志，是一个学习与生活的好地方。

在这样一个，蒙大拿州第二大城市城市里，其艺术教育又会是怎样的呢？带着这样的疑惑与好奇我走进了米苏拉市一所名叫罗塞昂（Russell）的极其普通的公立小学。

这所学校位于米苏拉市的南面。美国的学校建制是从幼儿园（kindergarten）到五年级（Grads K–5）为小学阶段，该学校共有15个班级，550多名学生。学校给人的第一感觉是无论外在建筑规模还是内装修，与深圳相比都比较落后。但当我们进入到学校内部，看到里面的走廊、教室和各种各样的学生作业、展示橱窗栏时，一种整洁、美观、温馨、轻松、和谐之感随之而来。接待我们的是该学校的校长，中等个头，非常热情和友好。听他介绍说刚好有美术课可以供我们观摩，一节是一年级的，另一节是五年级的。这对于我来说是一个非常好的机会，我在引导老师的帮助下来到了即将上美术课的教室。

我进入教室的时候，看到有一位高个子的女教师正在上计算课，我用微笑与其打过招呼后就找了旁边的位置坐了下来。我观察了一下，这个班级里有

18套桌椅，正在上课的学生有16人。学生是围在教师周围坐在地上听老师讲课的。讲授的内容是简单的数字计算游戏，时不时有学生举手站起来与老师交流，整个课堂气氛没有在国内所看到的那样热烈，相反很平静。教师讲话声音比较温柔小声，学生说话和回答问题时的声音很小。我感觉上课就应该是这样。

这时，我看到在教室的另一边，一位年近60岁的女教师正推着一辆装有两个塑料箱的小车进入教室。从塑料箱里面拿出4开大小的浅咖啡彩纸和蜡笔，分发到学生的桌子上，然后再在铁制的活动架子（类似我们教学用的活动白板）上也铺上彩纸就等待着学生了。

我估计这就要上美术课了。我主动与这位名叫Zadra的老师礼节性地打过招呼后还是坐回原处准备观摩她的课堂教学。学生也没有休息，从原来的一边全部走到了另一边，又像刚才那样围坐在美术教师的周围。

上课开始了，Zadra老师从旁边准备好的手推车里拿出一本名叫《打鼻鼾的灰熊》（Bear Snores On）的故事书，就开始一边翻阅展示一边轻轻地讲开了……学生们一个个被故事中的情景深深地吸引住了。讲故事大概用了3~4分钟时间，每当讲到主要环节时，Zadra老师总是设计几个简单的小问题让学生思考和回答，学生发言很踊跃。在老师问到怎样表现灰熊睡觉打鼻鼾的情景时，学生说出了许多种想法，最后，老师拿出了课前准备的示范画，并边讲解边示范画面表现的方法、过程，还引导、鼓励学生自由添加其他环境。之后，学生就开始自己作画了。原来一直坐在学生旁边教计算课的老师也开始辅助学生们的学习。

据说在美国小学和初中上这样的美术课都是有多位教师一起参与辅助教学。当学生基本完成时，Zadra老师又从手推车上拿出装有一些金色流质颜料的纸碟、水彩毛笔分发给每名学生，让他们再用这种液体颜料来丰富自己的画面。大概又过了10分钟，学生的作业已经基本完成了。他们把自己的作业摆放在教室外面的走廊边上回教室洗手，还有1~2个学生仍在制作。最后的效果看上去完全是一派涂鸦，既没有具体的形状，也没有完整的色彩。Zadra老师说他们只要有自己的学习感受就可以了。这节美术课大概用了35分钟就结束了。

在接下来五年级的美术课上，学生虽然没有像一年级学生那样围着教师席地而坐，但也是全部围着站在Zadra老师的旁边。上课内容是介绍一位画人物肖像的日本画家的作品。老师简单介绍了画家的绘画经历后，重点介绍了画家表现人物肖像的独创性方法。

在介绍该画家作品的时候，Zadra老师又展示了两幅示范画，分别是一男、一女的肖像。同时也边讲边示范，在学生清楚了学习过程后，他们就回到各自的位置。学生先是互相观察对方，然后在所发的4开大的浅咖啡彩纸上用蜡笔轻轻地勾好，再选择自己喜欢的水粉颜色进行造型表现……

整个教学过程、方法与一年级的美术课类同，但最后效果自然是五年级好得多，如果与国内同年级的学生作业相比要差一些，然而作业很有灵气。

课后，我在Zadra老师收拾教学用具的时候，咨询她在两节课中为什么不用同一种材料来表现作业，她解释说，这样安排是为了让学生多体验不同材料所表现的不同感受，最主要的是使他们的学习过程有变化使学生感兴趣，从而学得很轻松、很愉快。她认为小学阶段美术教育主要是培养他们的学习兴趣和保持这种兴趣的长期延续性，如果学习要求太高就会使学生，特别是能力差一些的学生逐渐失去对艺术的兴趣和感受，从而会影响学生艺术与其他学科学习的一体化发展。课后据该学校校长介绍，Zadra老师是担任附近9个学校的美术课教师，今天刚好轮到他们的学校。她除了教绘画课以外，还承担部分手工教学课。同时他介绍说，由于美国的小学实行一位教师教学包班制，所以日常的手工教学也要求包班教师承担。

我仔细观察了周围的环境，无论是在各班的教室里还是走廊等地方，各种各样的学生手工作品都层出不穷，而且不仅仅体现在美术教学上，在语言、数学、写作等方面都与手工学习直接相关。

二、"做中学"的教育理念更加深入与普及

在观摩了几节小学美术课堂教学以后，我就想米苏拉市的初中美术教育又会是怎样的呢？这次我们参观的学校是米苏拉市的一所公立初中，名叫C.S.Porter School。当送我们去的校巴把我们放下后，为了寻找进入学校的校门我们花费了一些时间，最后还是接待我们的负责人在学校里面看到我们后才打开门让我们进入校园的。在美国让不熟悉的人找不到学校的大门，能够有效防止陌生人随便进入学校，这样设计学校大门是有一定道理的。

这所初中和上次参观的小学建筑规模一样，都只有一层，但建筑面积和

里面的空间比小学大得多。负责接待我们的教师先介绍了他们学校从六年级到八年级，共有22个班1000多名学生，然后，引领我们去参观学校的音乐室、劳技室、舞蹈教学室，大型唱诗班的各种乐器等设施。在参观劳技室的过程中，我发现有一位年纪大一点儿的女教师正在手工裁剪衣服，周围还堆放着很多学生用硬纸板制作的精致相框，用铁丝制作的各种各样的人的动作造型等手工作品。教室里还整齐摆放着电动缝纫机，还有用来学习烹饪的各种电热设备。据介绍，该校除了音乐唱诗班非常有名气以外，还非常注重学生动手操作能力的锻炼与培养，所以他们学校学生的手工制作也是远近闻名。这是我后来在仔细参观中所深深体会到的。在各班级的教室里、班级之间的走廊里、天花板吊板下、通道的地板上，处处都展示了学生的动手创造能力。

学校安排我们可以观摩数学、音乐、美术、体育和语言等课堂教学，我自然选择了美术课。教室里有三位女教师，一位比较年轻的教师已经开始在讲课了，另外两位教师年纪比较大，估计是已经退休后再回到学校来辅助教学工作的。其中一位在听了我的自我介绍后说她也是蒙大拿大学的教授，是来这里长期做大学与中学教育教学的研究工作的，也顺便帮助学校进行班级管理。这样，这节课就有三位教师共同来辅助了。

这是一节七年级的美术课，学习内容是设计制作版画。在那位年轻教师周围站着22名学生，他们正在认真地听着她讲课。我坐在后面，上课气氛没有想象中的那么热烈，无论是教师所讲的知识、提出的问题，还是学生回答问题或者提出自己不同的看法，讲话的声音总是显得那么的平和、轻松和自然，以至于我坐在后面基本听不清楚。在小学参观时，曾经看到的上课情形现在在初中课堂教学中又看到了。我想，这就是从小养成的良好习惯的延续。如果说这是由于美国的小学、初中学生都是站立在教师身旁，不需要那么大声讲话，那么在其他学校也有像我们国内坐在不同位置上课的。但师生之间的教与学也是充满着这样的一种轻松的氛围。这是一种多么令人羡慕的教学情境啊！当教师讲解和演示从设计到制作版画的简单过程后，也有学生提出了问题，教师就现场进行解答，之后，学生就很高兴地回到各自的位置上开始动手设计制作了。

这一环节要求学生先在白纸上设计好自己熟悉的图形，用铅笔描画浓重后，转印到类似地胶板的材料上面，再开始把每一部分的图形用剪刀剪开，然后再粘贴到一张白色的硬纸板上就算完成了，等下节课再印刷。我走到学生正在制作的桌子前，一位年纪大点儿的老教师就主动介绍说这是一种比较适合学生动手制作，既安全又方便的材料。我仔细观察后，发现这种材料与国内地胶板最大的不同是它在裁剪后可以直接粘贴在底板上。地胶板只能用来雕刻，存在一定的安全隐患，而这种材料却没有这些缺陷。同时再观察学生，一个个都非常安静地进行着设计、转印和裁剪制作。当学生有问题或者不太明白时，三个教师中任何一个都会很快到学生身边给以辅导和帮助。因此，学生基本能够自己独立完成任务。再看学生最后的作业效果，虽然所设计的图形有简单和复杂之分，但没有一个相同的。就这样，这节美术课既没有像国内课尾那样的总结，也没有学生作业的讲评，学生制作完成后也悄悄地各自离开，教师又等待着下一批学生的到来。这种教学情形似乎显得很自然，学生学习没有压力，教师也教得轻松，一切发生得那么自然却又好似在情理之中。

其实在美国早期的美术教育中，对学生动手制作能力的培养，特别是在现实生活中边做边学的手工教育更加受到重视，也得到了普及。手工教学的作用与单纯的平面绘画相比较，更为复杂多变、有趣，也更为重要。如果孩子从幼儿园起就开始接触大量的手工学习，很多最基本的概念如形状、色彩，立体、二维、三维等通过手工来传达比单纯绘画更有意思，也更有效。所以在所参观过的多所小学和初中，都有专业烧陶的电磁炉等设备。学生不但要学习陶艺，还要学习做小雕塑及其他方面的手工作品，这对学生从小学习空间思维，培养操作技能是非常有利的，特别是对以后艺术学习、技术型操作中所遇到的问题就有更直接的理解和帮助。国内中小学的美术教育重绘画、轻手工的现象还比较普及与突出，而美国的这种早期教育理念是很值得我们学习和借鉴的。

三、自信、独立思考、个性张扬被逐渐放大

在这次学习、考察的过程中，直接走进课堂教学最多的应该是普通高中教育了。在米苏拉学区所管辖的5所公立高中学校中，我们参观了Big Sky High School、Sentinel High School和Hellgate High School三所高中，对公立普通高中教育有了更多的接触，也有了更多的了解和体会。与小学、初中学校教学相比，高中课堂教学给人一种完全不同的感受，那就是高中学生无论在哪门学科的学习过程中所表现出来的自信、独立思考、个性，创新意识和精神都更加突出。

这次我们参观的是Sentinel High School高中，它在这个学区小有名气。这所

学校的建筑有三层，规模与所参观过的其他高中学校基本相同。里外空间都比较大，特别是学生运动、活动的场所更是显得很有气魄。当我们通过狭窄的校门进入校园时，映入眼帘的是展示在壁橱两边各种各样的学生美术作业，有黑白效果的刻纸版画，素描、线描肖像画，多种形式的工艺设计、手工制作，还有些既有写实又有抽象效果的怪诞作品。给人的感觉是这所学校在艺术教育方面应该是有一定的特色的。除了以上所看到学生美术作品以外，更多的是陈列在走廊墙壁上和橱窗里体育运动获得的多种奖牌。这些奖牌与在其他学校所看到的一样，都是被学校所特别展示出来的，代表着学校的荣誉。

由于我们到达学校已经是第一节课下课时间，而第二节又没有艺术类的课程，所以我们先去观摩高二的社会科学课。担任该节课代课教师的是一位50岁左右的高个男教师。他热情地接待了我们，并告诉我们他曾经去过几次中国的北京、西安、上海、云南等地，至今还与一些中国的好朋友仍在保持着联系。我在他的教室里也看到了北京故宫和日本大阪的很大的图片，在电视上面还摆放着一顶旧式的红五角星军帽。

这间教室大概有40平方米，里面已经坐了23个学生。我们一行人就在最后面找到空着的位置坐下。教师先是向学生介绍说有来自中国深圳的老师来参观他们的课并表示欢迎，学生没有像我们国内学生那样会热烈鼓掌，他们只是把目光转过来向我们微笑一下表示欢迎。

上课开始了，教师先让一名学生上前打开美国分区地图，提问学生这几天国内新闻报道有什么重大事件发生。有学生马上就说当时在加州发生了重大的森林火灾，然后教师就用翻录的录像开始播放发生森林火灾及现场灭火情况。同时提出"是什么原因引起这次火灾"的问题，让学生自己或者几个人运用地图从发生火灾的地理位置、气候因素，历史上在这一地区曾发生过的类似情况等角度一起进行分析和讨论。有的学生一边说话一边把自己的双脚放到前面的位置上，有的干脆坐在椅子扶手上，还有的学生边听音乐扭着身体边说话，各种形态和姿势都有，教师也时而与他们对话、交流。学生的不同见解、表现自我、独立思考的学习气氛充满着整个教学过程，而且教学氛围显得那么自然、轻松和平。最后，教师给每名学生发了印有6个问题、一个动手绘图操作的作业纸，要求课后或回家完成，就结束了整个教学环节。学生又开始背起书包走班到另外的教室上课去了。

当时我就在想，美国的这种课堂教学氛围和无拘无束的自由式发挥，无论在小学、初中还是高中甚至大学，不管是艺术学科还是其他学科都有这样良好的延续性，这种延续性所折射出的轻松、自由、自信、平等、独立思考、互相尊重、张扬个性等人成长过程的基本精神要素，不就是美国整个教育教学思想的最重要支撑吗？虽然他们的课堂教学没有我们所期望的那么先进，具有开拓性，甚至显得过于的自由散漫，但正是有了这种长期形成的教与学的自由和个性，使他们的学生表现得那么有自信、有个性。想到这里，我又记起那位Zadra老师，虽然她的教学形式和最后作业没有多少新意和效果，但她能够几十年这样教学，培养了一代又一代美国这一学区的青少年，肯定有她教育教学的经验和道理，这种道理和经验不就是我们来美国真正需要学习和借鉴的教育精髓吗？

四、结束语

艺术是人类共同拥有的物质精神财富，无论是西方还是东方，不管是在美国还是在中国，学习和借鉴先进的、科学的艺术教育理念，促进和推动本国的艺术教育发展，是每个教育工作者的义务，更是我们每位艺术教师的职责。这次赴美国米苏拉地区的学习与考察，虽然时间短，任务重，只对该学区的部分公立小学、初中、高中的美术课堂教育教学做了一次纵向性的实况比较，没有横向联系，更没有对不同区域进行有效、深入的对比，但是并不影响这次学习与考察效果。通过走进教学课堂，与教育管理者、教学者零距离接触，体会他们的教学过程，感受他们的教学氛围，给我们的启示是非常深刻的。这需要我们客观、理性地去思考与研究，学习与借鉴，逐渐探索适合我们自己教育的实践思路。

我们相信，我们将更有自信和决心，把自己学习考察的感受逐步化作教育教学的实际行动，努力回报深圳的教育事业。

参考文献

[1] [美] Aldrich, R.The first 100 years [J] .Education Journal, 2002: 65, 8.

第四章

探索初中美术教育新思维

走进学生习惯养成问题的"怪圈"

——对中小学、幼儿园学生书写握笔、坐姿问题现状调查的思考

一、前言

当前，在我们的中小学、幼儿园教育中，特别是教学的课堂里，一种师生之间、生与生之间人人皆知而又熟视无睹的现象非常严重，那就是学生书写时握笔、坐姿不规范的现象。这个现象已经被各学科的教学所忽视。因此，作为教育工作者，不能以忽视学生的良好学习习惯养成和影响他们的身体健康成长为代价来提高他们的学习成绩。本文试图以初中书法课程教学过程中所出现的握笔、坐姿问题为切入点，通过对这一现象缘由的寻访、探究，分析其形成、发展过程乃至目前的严重性等，提出自己的教育教学的看法和建议，以便引起学校、家庭和社会的关注与重视，并期望能为学生营造一种健康、和谐的学习、生活氛围。

二、小习惯 引出大问题

进入初中，学生的各种学习习惯可以说已基本养成。特别是像幼儿期开始，从小都学习应用、人人都知道的书写握笔方法、学习坐姿等最基本习惯要素，按理说，在这一阶段早已解决。然而，在现实的基础教育、家庭教育中，这样的问题反而长期被忽视了。当你走进学校教室、走进学生的家庭作业时，

你会发现，学生在书写时所呈现出的各种各样极不规范的握笔姿势、东倒西歪的坐姿，会令人大吃一惊。

或许有人会觉得这只是学生的小习惯而已，没有必要这样大惊小怪。但事实并非如此轻松。笔者从事了近20年的幼儿、小学、初中的美术教育，没有像今天在初中承担硬笔书法教学时，发现这一问题这样严重，即一个班级近60名学生，几乎有95%以上的学生存在书写握笔、坐姿不规范的现象。有的学生甚至出现手指关节变形、茧子肿痛，脊椎、腰背和视力等不同程度的问题。这一现象着实引起了笔者的高度关注。

在笔者每天的硬笔书法课堂教学过程中，每节课少不了有书写练习，但面对绝大多数学生的这种问题握笔、坐姿问题我只能时刻提醒。同时也诱发了笔者在七年级13个班级对该问题做全面调查的动机。

（一）规范握笔、规范坐姿与学习有着科学的联系

首先，关于什么样的书写握笔是规范或者标准问题做简单的介绍。为了对该问题有个比较全面的了解，笔者除了依靠网络信息资源、书籍资料查找外，还分别请教了长期从事硬笔书法的教育教学工作的专家，健康教育生理、心理医生等，同时，还特别采访、调查了已经养成良好和不良握笔、坐姿习惯的学生，了解了他们的切身感受，并请他们现身说法。经过多种途径收集的资料和调查显示，基本认同的规范的、正确的握笔方法是：

（1）右手拇指在笔杆的左侧，与右侧的食指基本对齐，两指夹住笔杆中间，留出1~2厘米空隙。中指在食指和拇指的下面，三个手指都用第一个关节托、夹笔杆，无名指和小指在中指后自然弯向掌心。

（2）笔杆向右后方倾斜，紧贴在食指的第三关节与虎口之间。

（3）食指与大拇指捏笔时，中间呈菱形。

（4）手掌与手臂成一直线。笔尖朝西北方向，与身体坐姿约成45度角。

（5）捏笔手指与笔尖的距离约为3厘米。

（6）写字时，手的支撑点在豌豆骨上。

其次，规范的写字姿势是：身体坐正，两腿自然平放，头和上身稍向前倾，胸部离桌子一拳，两臂平放在桌面上。右手（或者左手）执笔写字，左手（或者右手）按纸，纸要放正。

在学生具体书写时，教师、家长提醒他们要正确握笔，注意坐姿，然后再

帮助他们纠正错误姿势。只要持之以恒，相信他们一定能掌握正确的执笔方法和写字姿势。

（二）七年级学生的握笔、坐姿问题极其严重

为了让调查有个确切的数据，笔者在课堂教学布置书写练习作业后，在学生自然习惯状态下，采用每个小组逐个检查的方法开始观察记录，并运用表格的形式进行逐项统计，七年级的具体调查统计数据如下（见表1）。

表1　七年级的具体调查统计数据

存在问题 七年级	握笔基本规范	问题握笔	坐姿基本规范	问题坐姿
（1）班57人	6	51	10	43
（2）班56人	10	46	14	39
（3）班58人	12	46	15	37
（4）班58人	8	50	9	46
（5）班58人	10	48	10	40
（6）班59人	13	46	13	45
（7）班55人	5	50	8	44
（8）班56人	9	47	11	45
（9）班56人	6	50	10	41
（10）班58人	7	49	14	40
（11）班54人	5	49	11	43
（12）班56人	6	50	9	46
（13）班59人	8	51	10	47

需要补充说明的是，这是在小学升到初中开学第七周的学生，已经过七周（每周1节书法课）不断提醒其握笔、坐姿以后处于自然习惯状态下的调查数据。"握笔基本规范"和"问题握笔"两个项目的数据统计显示，一个班级的绝大部分学生存在书写时握笔不规范的问题；而在"坐姿基本规范"和"问题坐姿"的调查项目统计过程中，笔者发现发现有的学生一会儿写字姿势不规范，一会儿又会稍微自己调整坐姿，因此，在本统计中只记录了持续存在非常明显不规范的坐姿的学生人数，而对有时能够自己适当做出调整的学生没有统计在内，但从整节课堂来看"问题握笔"远比"问题坐姿"要严重得多。

（三）九年级学生的书写握笔问题更加触目惊心

由于笔者只是担任七年级的硬笔书法教学任务，所以也没有机会去了解九年级学生的学习情况，再加上九年级已经没有书法课程，更没有留意到该年级学生书写时握笔、坐姿的实际状况。但有太多的七年级学生存在书写时握笔、坐姿严重不规范的现象，这也促使笔者关注起即将面临中考压力的九年级学生平时学习书写作业的握笔、坐姿状况。七年级学生到了九年级的时候其握笔、坐姿是否会自己主动纠正？笔者带着这样的问题，通过与九年级教师沟通，走进了九年级的教学课堂。

九年级也有13个班级，笔者重点近距离细致观察了自然状态下的6个班级的学生写作业时握笔、坐姿的情况。本来以为只需要记录握笔、坐姿不规范的学生人数，结果却事与愿违。调查的结果几乎让我怀疑自己所见到的事实：其中2个各60名学生的班级，一个班竟然只有1名女生和2名男生共3名学生握笔方法基本规范，另一个班则只有2名学生的握笔方法基本规范，其余学生握笔都存在各种各样的问题；书写姿势不规范的问题虽然没有像七年级学生那样严重，但也存在东倒西歪的现象。另外4个班级的学生也有类似的情况，具体调查统计如下（见表2）。

表2　具体调查统计

存在问题 九年级	握笔基本规范	问题握笔	坐姿基本规范	问题坐姿
某班60人	3	57	31	26
某班58人	5	53	36	23
某班61人	4	55	29	25
某班59人	3	56	25	32
某班60人	2	58	33	25
某班59人	6	53	32	28

这种调查结果大大超出了笔者原来的预想，原来九年级学生的握笔问题与七年级相比更加严重，简直是"惨不忍睹"。

笔者想，自己学校的九年级学生握笔、坐姿有这样严重的问题，其他学校的九年级学生是否也有同样的问题？为此，笔者第二天又特地到另外2所重点中学九年级教室进行现场观察、调查。在没有任课教师提示的情况下，学生自然状态下的握笔、坐姿也同样"惨不忍睹"。同一年龄段的学生，在不同学校里学习，却有着相同的问题，这不是简单的巧合，而是存在着一定的必然性和普遍性。这也再一次引发了笔者对这一问题的思考与探究。

三、寻根源　探究问题路径

通过以上对同一学校的七年级、九年级学生握笔、坐姿习惯的观察、调查，和对不同学校同一年级学生的比较，笔者思考：是从什么时候开始，不规范的书写习惯逐渐渗透在学生的日常学习中，乃至造成目前书写现状的？又是什么原因使学生形成这样的习惯，造成目前这样严重的现象的？针对这样的问题，笔者细细回想自己幼儿园、小学和初中的教学之路，想利用以往的经验，从最基础的幼儿教育阶段入手，逐渐向小学、初中阶段扩展，形成一条纵横向的调查链，试图从中找出这一问题存在的源头、发展和形成的基本路径。

（一）在幼儿园阶段，幼儿的握笔、坐姿已经出现了问题

在开始做调查前，笔者先选择了两所不同级别的幼儿园，一所是比较大型的原市直属机关幼儿园，另外一所是区级企业幼儿园，并且分别选择在中班和大班开始观察调查。

首先，在原市直属机关幼儿园开始观察。笔者在与幼儿园老师联系后，在幼儿完全处于自然状态下开始绘画或写字时进行观察，结果发现在中班26个幼儿中，就有15个幼儿的握笔方法存在问题，其中有4个幼儿的握笔存在严重的问题（见图1）。

（1）

（2）

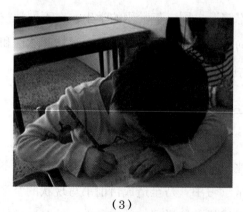

（3）　　　　　　　　　（4）

图1　原市直属机关幼儿园中班幼儿的握笔、坐姿问题

其次，在另一所区级企业幼儿园的中、大班幼儿的计算课、写字课和绘画课里，幼儿各种不同的不规范的握笔方法都开始出现。但与握笔方法相比，幼儿写字的坐姿问题要好一些。这种在幼儿园里所看到的最早的握笔问题，大概就是现在初中学生握笔问题的雏形吧！

（二）小学阶段，该问题从低向高已经形成规模

1. 低年级学生的握笔、坐姿问题已经严重

在某小学的一年级教室里，一位语文教师非常认真地在引导着学生学习课文，当听、读、说的环节完成后，小学生开始学习书写"八""天""人"等字。他们一双双稚嫩的小手开始歪歪斜斜地握笔书写了。这种握笔方法和坐姿粗看还显得很可爱，但仔细观察，与其说是在练习写字，不如说是在摧残、扭曲本来比较健康的小手。

2. 中年级学生握笔、坐姿问题基本形成

笔者在对某小学三年级学生的观察中发现，一个班接近60人，老师生动、有趣的讲授，使得学生一个个像被磁铁吸引住似的，小小的脸上不时露出充满稚气的微笑，一双双小手整齐划一、很规范地平放在课桌上。笔者从班级后面望过去，该班学生的坐姿也都是腰挺得直，显得很有规范，暗想，这个班是否经过特别严格的训练才有这样的课堂氛围？

在老师布置完作业，学生开始自己课堂练习时，这种氛围才开始被打破，原先学生的规范坐姿随着书写作业的开始一个个被打回了"原形"，和前面所观察到的一年级学生一样，各种各样的握笔、坐姿问题在自然状态下再次显现出来。与一年级相比，三年级学生的这一问题显得更加的"自然和老练"（见图2）。

（1）   （2）

（3）   （4）

图2　某小学三年级学生的握笔、坐姿问题

3. 高年级学生的不良习惯在强化过程基本被固定

在观察了几个一、三年级的学生的握笔、坐姿习惯后，笔者的心情有一种说不出的滋味。根据安排，笔者又到五、六年级的语文课堂进行调查。在课的后半节学生作业练习时，笔者悄悄地进入班级的后门，就看到学生的各种姿势简直像在过去农村麦子快收割前被大风刚刮过一样，远远望去，东倒西歪一大片。近距离看一看学生脸上的表情，又一个个显得非常的认真，再看他们手中书写时的握笔姿势，又似乎与不听话的笔不停进行着较量一般，使得身体也显得格外得倾斜、歪曲（或者头过低、离课桌过近等形态），这样的情形着实令人痛心。

（三）初中学生的握笔、坐姿问题是必然的结果

从以上对七、九年级的调查记录表格可以看出，虽然笔者没有直接进入八年级课室进行观察，但在后来全校期中考试的监考过程中得到了最真切的体会。笔者承担了由七、八年级两部分学生组成的同一教室的监考工作。在监考过程中笔者又一次全方位、零距离地进行观察，学生呈现出来的状态可以说是所有参加考试的学生握笔、坐姿问题的最全面、最自然、最真实的亮相。在这里只展示学生考试情时握笔姿势的部分图片，具体不再赘述（见图3）。

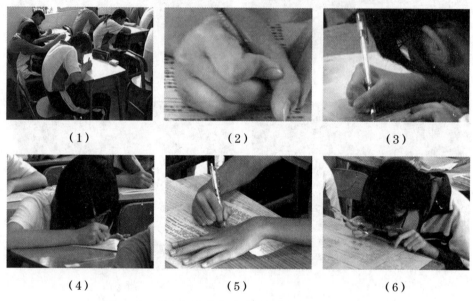

（1）　　　　　　　（2）　　　　　　　（3）

（4）　　　　　　　（5）　　　　　　　（6）

图3　七、八年级期中考试时学生的握笔、坐姿问题

四、析原因：轻视小习惯，酿成大问题

按理说，无论是在幼儿园、学校学习，还是在家庭教育中，教育孩子怎样正确写字握笔不应该有任何问题。然而在现实生活中，幼儿园、学校和家庭这样看似最简单的问题却成为最大的教育"盲点"。这种"盲点"是一种名副其实的"清光盲"式，也就是说，老师、家长几乎每天都会看到学生书写作业时不正确的握笔方法、写字坐姿。但随着他们这种问题反复的出现，老师和家长们逐渐适应、习以为常，到后来完全熟视无睹了。

殊不知，正因为老师和家长长期无视或轻视这样的"小习惯"，导致了目

前幼儿、中小学生，乃至大学生各种各样畸形的握笔、坐姿"大问题"普遍出现。

（一）轻视雏形期把关，缺乏应有重视程度——幼儿园书写教育现状

众所周知，幼儿时期是形成良好习惯的最早教育期，指导、帮助幼儿在这一时期学习怎样书写、涂画的正确握笔方法，有着非常重要的意义。初入幼儿园，幼儿学习握笔写字是比较费劲的，如果他们握笔方法不正确，或者握笔太低，不仅写字时手容易疲劳，还会因握笔太低挡住视线，因而扭身歪头，导致坐姿不良、眼与物距离过近。作为幼儿教师、家长在这一时期要特别留心、耐心指导、帮助幼儿掌握正确的握笔方法，使其在接下来的中、大班时期长期这样坚持，那么幼儿良好规范的握笔、坐姿就会逐渐形成。

但在现实中，这种最简单的，无论是教师还是家长，人人皆知的道理没有在实际教育、生活过程中引起重视。在与幼儿园教师的交流、调查过程中，笔者还发现有相当一部分教师，特别是年轻教师，自己也不知道怎样规范拿笔，更不懂得怎样去指导幼儿正确握笔，所以当幼儿出现不正确的握笔现象时只能"默认"。这就更应该引起我们教育管理者的重视。

（二）错失形成良好学习习惯的"关键期"——小学书写教育现状

苏联大教育家维果斯基曾经把幼儿早期的智力发展称之为"关键期"。笔者认为这一理论同样适用于小学教育的习惯养成过程。在这一时期，如果学校、家庭没有长期、正确、有效地教育和监督学生，那么小学生随着从低年级向中、高年级的升级，经过6年时间的不断重复，握笔、坐姿问题几乎得到了强化与巩固，到了初中阶段已经很难再重新调整过来。

1. 低年段（一、二年级）对学生握笔、坐姿问题缺乏应有的重视

笔者在小学调查时发现，一、二年级学生书写作业已经有了多种极不规范的握笔、坐姿问题，假如班主任、其他学科教师在发现学生这一现象时给予及时提醒并帮助其纠正，同时随时监督，并与家长合作，长期坚持下去的，学生的握笔、坐姿问题肯定会得到有效的遏制或者基本解决。

但事实上，学校教师、家长，特别是负责课堂教学任务的一线教师，在思想认识上对这样的问题缺乏重视，"小习惯"思想普遍且严重。只要学生的学习成绩好，听老师话，作业按时完成，学习成绩更加重要，至于拿笔不规范、写字差、姿势不对等都不是什么"大问题"。有的教师起初看到学生这种问题

还是会提醒学生改正的，但见多了，这一现象也就见怪不怪了，直到最后连起码的提醒也免去了。

2. 中年段（三、四年级）对学生握笔、坐姿问题缺乏有效的规范措施

随着小学低年段向中年段三、四年级升级，学生各学科的作业量也随之增加，这就使得他们书写用笔的时间剧增，握笔、坐姿问题的重复率加大，对其影响越来越严重。如果学校、家庭在重视学生学习行为习惯、学习成绩提高的过程中已经意识到问题的严重性，那么通过学校，特别是班主任、各学科教师和家长的共同合作，耐心、有效地帮助学生纠正不良习惯，经过一段时间的规范化教育，学生的书写握笔、坐姿还是可以纠正过来的。

但在现实的教育过程中并非如此。笔者在三、四年级多个班级调查中发现，由于教师对这一现象的轻视或者不够重视，学生在学习过程中不规范的习惯得不到有效指导和及时纠正，所以，随着长时间、不正确的课堂练习、家庭作业，他们的手指关节也因此出现了发胀、肿痛，甚至变形等问题。这种情况在小学中年段已经非常普遍。

3. 高年段（五、六年级）的握笔、坐姿问题被基本"默认"

记得在学习教育心理学时，美国的心理学家和行为科学家斯金纳所提出的强化概念是这样解释的，"从其最基本的形式来讲，指的是对一种行为的肯定或否定的后果（报酬或惩罚），它至少在一定程度上会决定这种行为在今后是否会重复发生"。按照斯金纳的"强化"理论来解释学生的握笔、坐姿问题同样是适用的。在经过前两个年段四年时期的"用笔"得不到"报酬或惩罚"，到了小学五、六年级的时候，由于学生的知识学习，身体心理等各个方面的自然发展，从思想意识上对习惯的形成有了基本固定化趋势。可以说，他们的不正确握笔在得到了反复的"强化"以后，也就是变原先不规范的握笔为现在默认的"规范"用笔了，直到今后"会重复发生"。因此，在这个时期想让学生的握笔、坐姿轻松地转向正确的方向，确实存在一定的难度，无论是在思想认识层面还是技能习惯层面都有阻力。但如果学校真正想"拨乱反正"，那么行动跟进，家校配合，还是可以挽救的。可惜的是，到目前为止没有学校有这样的做法，也只好把这一问题推给初中的学校了。

（三）初中阶段力挽狂澜，困难重重

众所周知，由于初中学校承担着把学生升向更高一级的全面教育教学任务，学生在初中阶段所需要学习的科目和难度前所未有，为了应对升学中考压力，从七年级开始就有大量的练习、作业需要完成，而且全部动手书写，这又涉及学生的握笔、坐姿问题。在小学已经养成的不正确握笔、坐姿习惯，想要学生在初中这个时期改变可以说非常困难。

笔者从本学期硬笔书法教学之初发现这一问题后，在每节课的书写练习时坚持提醒和及时纠正，但由于学生处于知识学习适应调整期，存在一定的压力，加上有的学生开始出现逆反心理，对纠正自己习惯了的握笔方法的做法表现出拒绝。虽然笔者与他们尽可能地交流与沟通思想，但经过半学期坚持和努力，还是收效甚微，特别在期中考试过程中，前面的努力被彻底打回"原形"。尽管如此，笔者还是坚信，只要自己所付出的是为了学生身体好、学习习惯好，无论再有多少次打回"原形"，还是要长期坚持下去。

五、结语

俗话说"冰冻三尺，非一日之寒"。初中学生经过幼儿期、小学期近10年握笔、坐姿不断问题化，想要在短时期内解决是不切实际的。而且，根据教育专家、健康专家调查论证、鉴定，中小学学生学习的高近视率等问题都与其握笔、坐姿的不正确有直接关系。要想在初中改变这一现象，笔者认为需要做好以下几方面的工作：

（一）加强纵横向联系，促进信息交流反馈

1. 幼儿园与小学加强联系，协调合作纵向发展

正如上面所述，严格、规范把好幼儿期良好习惯初步形成这一关，使幼儿掌握正确的握笔姿势，并且长期坚持，对幼儿以后进入小学奠定良好的基础。

2. 人人关注规范教育，时时引导正确途径

"人人都是德育工作者"，这是针对德育教学要求而已，但实际上也适用于我们每一个教育工作者。无论是学校领导、一线教师，还是学校后勤教辅工作人员，当发现学生有各种不规范的学习、行为习惯时，都应该给予指导、帮助和纠正。

（二）领导重视是关键，合作抓落实

1. 学校领导重视

学校领导需要以一切为了学生的发展为出发点，从学生的小习惯养成做

起，逐级落实，责任到班，监督到家。

2. 各学科通力合作

班主任是班级的最高主管，对学生所出现的这些问题应该最有发言权和监督权，但还需要各学科任课教师在具体教学过程中指导提醒、及时纠正，并加强全面合作与监督，可以促进这一现状的改观。

综上所述，尽管当前的中小学、幼儿园对书写握笔、坐姿问题还没有引起足够的重视，但随着这一问题的提出，相信会有越来越多的教育工作者、家长加入到这个行动中来。为了学生的明天，为了学生的将来，相信养成学生良好的握笔、坐姿习惯，能够促进学生建设美好的未来。

我这样教七年级美术课

一、小升初，学生学习行为习惯的差异性

当七年级学生刚开始上美术课时，他们的学习、行为习惯存在一定的问题。上课前，没有养成准备学习用具、材料的习惯；在课间休息期间，不停地互相追逐、打闹。上课的预备铃打响后，还不知道要准备进教室开始上课了，等上课的正式铃打响以后，才想起美术课本还没有准备。幸亏现在学校七年级的每个班级，在家委会的协助下，班主任与自己班级的家长提前做了沟通，都为本班级学生准备了用于放置学习用具的小书柜，可以放置课本、学具等。上课了学生才开始稀稀拉拉地去小柜子里取出美术课本。每次上课都要耽误几分钟时间。不过也有个别学生按照要求准备了美术教材等着老师上课。大部分学生，特别是在小学时喜欢美术课的学生，老师在讲课本知识点，讲一些重点、难点时，他们就自顾自地画画。不管老师如何提示，他们就是只管画自己的。在这些学生的影响下，美术课就好像只是画画课一样。这种只喜欢绘画，不懂知识又不学知识，只会涂鸦的学习、行为习惯，在小学升到初中，美术学科教学的过程中是存在普遍的现象。这也说明这些学习、行为习惯在小学美术课堂学习阶段早已形成。

面对这样的现状，作为初中美术学科教师，所要考虑的不仅是如何教好自己的学科，而且是如何更规范、更有效地引领这一时段的"小学生"逐步纠正这些不良习惯，培养起良好的学习、行为习惯。尽管美术学科教育重要，但是，这个时期的学习、行为习惯的培养更重要。所以，在我的美术课教学中，我首先提出要养成美术学科课堂教学常规学习、行为习惯的基本要求，就是从预备铃响起开始组织教学，等正式上课铃响起后，师生互相问好，美术课堂教学才正式开始……严格要求，从常规开始。

二、培养良好的美术学科学习、行为习惯，有法可寻

其一，要非常重视第一次美术学科课堂教学的备课工作。除课前做好详细的备课，还应使用PPT展示本节课的主题内容、要求。如在上第一节美术课时，不急于教学课本内容，而需要向全体学生介绍初中美术课教与学的基本情况与过程，明确提出初中美术学科教与学的具体要求等。其二，重视学生学前的准备工作，即课前准备。教师要明确提出要求，还可以亲自给全体学生演示准备过程，如准备好各自的美术课本并放在合适的位置上；准备好红笔或黑色、蓝色的水笔等，并说明这些用具的具体使用方法。例如，红笔（或其他水笔）专门用于对课本教材知识重难点的画线、标注，有时还要根据课本的内容拓展，做一些课外知识信息的记录。绘画本就是随手进行绘画作业和练习时使用的。其三，简要介绍初中美术课堂教学的基本学习过程与方法。例如，教师在讲授时会引领学生一起学习美术课本的基本知识及要求，明确提出学习美术课程不仅是画画课，而且需要懂得怎样去学习造型与表现，还要提示学生每个人保管好各自的美术课本等。教学过程，要听从老师的安排，了解学习内容，如没有听懂，可以举手提问，还要根据老师的要求，在开始作业指令发出后，应该有自己的思考时间，不能不思考就画自己的画，要改变这样的学习习惯；作业完成后要上交，以便老师对你们的学习结果做出评价；在第一学期，要求每人自己准备一本A4型的绘画本或者素描本，几支绘画类铅笔、黑色水笔，如原来还有的色彩笔、颜料之类的美术学具，不要丢弃，准备下学期使用，或者课后自己练习用。

面向全体，不断强化学习、行为习惯。提出这些具体要求，要面向全体学生，使他们了解、认识美术学科的教与学要求。而对一些少数学困生，或者行为习惯问题生，则必须通过另外的途径，通过观察、了解其个体的行为习惯，再与其真诚的交流、沟通或协调，尽量调整其不良的学习行为。这些内容虽然不是美术课本知识，但是非常重要，还需要在一段时期的美术课堂上不断地进行讲解、提醒和强化，为以后的美术课学习养成良好的学习行为习惯打好基础。

对这样的措施，有的美术学科教师认为这样做太浪费时间，会耽误自己的教学进程，认为学生学习习惯养成之类的事，是班主任要做好的工作，不关自

己学科教学的事。殊不知，一个学生良好的学习行为习惯的养成需要学校、家庭的共同努力。作为科任教师，无论是任教哪个学科，都是有责任、有义务去管理好自己所教班级。如果在七年级这个关键期，没有把学生良好的学习习惯的培养视作与自己教学有着直接关联的层面，那么，到头来由于这个班级的学生学习习惯不好，导致自己课堂教学的心情烦躁，受影响的还是自己的教学。本来认真、辛勤的教学，结果其效果大打折扣。甚至每当要上这样班级的美术课时，就会产生一种无名的恐惧感，造成心理上的压力。因此，从这个视角来看，培养七年级新生养成良好的学习行为习惯，在良好的行为习惯、学习氛围中，再进行美术学科教学活动，显得更加重要。

孔子云：少成若天性，习惯成自然。现代教育家叶圣陶先生说："教育就是培养好习惯。""好习惯养成了，一辈子受用；坏习惯养成了，一辈子吃它的亏，想改也不容易。"古人、今人，都已经提出好习惯养成的重要性，那么，作为现代教育工作者、美术学科教师，更应该把培养学生良好的行为习惯作为对学生未来所必备的基础素养来考虑，这也是我们教育者应肩负起的教育使命。

三、多接触，增强师生情感

在初中教育阶段，根据学校现行课时安排，每个班的美术课，每周只有一节课时。也就是说每位美术教师，与所教班级的学生，每周见一次面。

作为七年级美术教师，除了平时上课以外，我很少与所教年级的学生有再接触和见面的机会。这就造成了上美术课的时候，台上的美术教师讲得很有激情、很生动，但在台下的学生看来，由于与教师存在一种距离感，往往会出现互动不起来的尴尬局面。这种现象在公开展示课时尤为突出。这也正是师生之间平时不认识、不熟悉，缺乏互动和情感交流所形成的一种现象。

要想改变这样的局面，本人就想了个办法，就是利用午餐后的时间，主动承担起巡视所教每一个班级的"职责"，这既可以当成一种饭后散步，又可以作为一个与学生亲近、交流的机会。

开始，七年级学生经常会问"美术老师怎么你来检查呀？""是不是校长派你来检查纪律的呀？"等问题，本人就会含笑着模糊地加以回答，也就此自然地开始与学生进行交流。

这样的过程，在与学生主动接触交流的同时，还可以对班级里出现的不规范现象及时进行管理与指导。比如，有时候看到班级很乱，有的学生午餐后还乱丢东西、垃圾，甚至还很吵闹。依照学校的规定，在中午12点半以后，每个班的学生都要静下心安静地午休，或者在各自的位置上看书、做作业。本人就此进行现场管理，并口头提醒学生写作业到下午一点多的时候，需要趴在座位上休息一下，以便下午上课有充沛的精力。本人所担任的美术课，基本上都被安排在下午第一节课及以后，因此，在上美术课学生做作业期间，也会主动地说一下中午巡视班级的情况。

经过一段时间的坚持，这个办法就开始奏效了。每当中午过了12点半，学生看见我基本上能够自觉地回到各自的位置上。班级管理员看到美术老师来了，也会要求同学回到各自的座位上安静下来。这样，坚持了几个月后，学生行为习惯得到了有效的改变。而作为美术教师的我，在与学生经常见面的过程中，也形成了主动打招呼的习惯，有些学生还主动跟我说自己美术作业不好的原因，尽管有的学生是故意为自己的懒惰很懒，没完成作业找借口，但还是我会倾听他们，借机也好好和他们进行交流。对美术课基础实在太差，又不肯完成作业的学生，我也会从一位老师，一个成年人的角度，正确看待学生不同的成长过程。我们作为教师还是要心平气和地和学生进行交流、沟通，耐心地等待其成长，而不是一味地从自己的学科教育出发去要求所有学生。这样看似不经意的交流，其实对自己的美术课堂教学，产生了很大的影响。我的每节美术课，都受到学生的热切期待，有时自己甚至感觉到上这样的美术课，简直是一种艺术教育的享受。这也印证了这样一条规律，有一个良好的教学氛围，无论是教授哪个学科，都会产生积极的、良好的教学效果，从而促进学科教育的发展。

四、多途径尝试运用信息网络开展活动课程

根据学校的管理规定，学生是不允许带手机来学校的。但是，我经过与校级领导、德育学生处交流协商后，规定七、八年级选修活动课程的学生，在每周三、四的下午第八节活动课中，可以携带手机上课，利用手机上网查找各自所需的学习资料，开展自我研究和自主学习。例如，在七年级，预设了一个黑白画、动漫画学习的项目小组。教师指导学生如何上网查找有关黑白画学习的

资料，学生可以自主上网通过视频等资源学习绘制动漫画的技能知识；又如八年级，以学习色彩配色为项目，学习如何配色、调色，我引导学习自己上网查找学习资料。老师的主要作用是指导和监督学生选择重点项目进行自我学习的过程与途径。在活动课程中，利用手机上网，就可以避免教师教学内容、形式单一的弊病，而且能够充分发挥学生的学习主动性、积极性。再结合自己曾经讲授过的英特尔未来教育培训的框架问题、单元问题等教学实践，努力使学生的学习可以增加多种途径，这样更有利于学生美术学习兴趣的提高。

另外，为了更深入地开设好有特色的活动课程，我还积极与学校领导沟通，争取得到学校的帮助，计划购买30台平板电脑，以steam项目为形式，以美术活动项目为起点，运用信息网络，在原有的课程的基础上把活动课程再提升一级。这项计划正在协调之中。

五、培训、培养美术学科课代表的能力

选好美术学科课代表，积极发挥学科代表的作用。针对选修美术学科代表，教师自己先制订一个选择课代表的基本标准，并需要向全体学生公开征求意见。例如，选择美术课代表，有三点要求：其一，要自己喜欢美术课，上美术课有认真的学习态度，也有一定的美术基础，尽管画得不是最好的。其二，能够帮助老师做事情，如传达美术课前所需准备的资料、通知等。其三，当班级里有同学在美术课学习中遇到困难时，自己或者通过其他的同学帮助遇到困难的同学。其中要特别说明，选择美术学科科课代表，不是班主任或者其他同学认为其美术绘画好就指定其担任。这里也有基本步骤：其一是自我推荐，其二是小组内推荐，其三是教师指定。经过这样三个步骤，学生都很清楚应该怎么做。如果是自荐，那么教师还要根据这名学生的作业程度和小组对其平时的美术作业、学习态度的建议来确定。实际上，作为一名美术教师，就是传递给学生这样一个信息：初中的美术课学习，不是简单的绘画课，而是人人都可以参与的美术学习的活动过程。有绘画基础的学生，不但自己的能力、优势可以得到表现发挥，也可以帮助其他同学，和其他同学一起分享。美术课课代表就是承担这样的角色。

利用自习课对全年级美术课课代表进行培训。有的教师认为，美术课课代表就是交交作业、传达一下任务。但是，这些看似简单的任务，作为美术教

师，也需要对美术课课代表进行指导和培训。作为美术课课代表，除传递美术
教师的有关作业事项以外，还需要提醒班级同学，做好课前准备、保证课堂纪
律、课后收取作业等事情，有需要时还要帮助有困难的同学一起完成作业。特
别是对那些绘画或者手工基础比较差的同学，平时有时间要去提醒帮助他们。
美术教师也需要经常指导、引领美术学科科代表如何充当好这个角色，也要时
常表扬做得好的美术课科代表。而且，到了一个学期的期末，为鼓励做得比较
好的美术课科代表，要给他们在一学期的积极表现评个奖，如"优秀课代表"
奖，发一张奖状，以奖励课代表的优秀表现，甚至还可以买一点儿小礼品，鼓
励他们做得更好。这种做法，对增加被奖励的美术课科代表帮助其他同学，又
帮助老师做事的积极性，非常有成效。

六、美术学科作业分层设计

美术教材的作业要求主要是完成本节课所学习的知识和练习。但是，在
实际教学操作过程中，就会发现美术基础比较差的学生根本完成不了美术课本
所要求的作业。因此，针对这样的现实情况，教师在进行美术教学设计时，尤
其对造型技能要求方面，作业要进行分层设计。比如，在七年级某个班，可以
分为几种类型：第一类，造型基础比较差的学生，他们虽能够以最简单的点、
线涂鸦，但没有办法按要求完成老师布置的作业。第二类，学生对美术造型中
的点、线和图形有一些认识、理解。这部分学生占大部分，他们能够运用简单
的线条、图形表达自己的思考。另外一小部分学生，由于平时的美术课还是比
较用心学习的，加上也有一些悟性，平时还喜欢参考一些有立体感的动漫画，
这部分学生渴望的是了解如何利用写实性、真实性造型表现的手法，来呈现现
实中的物体形象。这部分也因此受到同班同学的佩服和推荐，在班级里美术绘
画方面成为很"厉害"的代表，还有很多的"粉丝"。但是，作为美术学科的
教师，要尽力做到整个班级学科教学方面的平衡，特别是对那些基础特别差的
学生，更需要花心思，除鼓励基础比较好的学生帮助这些学生，教会他们美术
技能外，更重要的是，还需要帮助他们树立自信心，使他们能够主动积极地参
与活动，尽可能地以小组学习的形式，指导能力强的学生，帮助基础差的同学
学会涂色、画出简单的外形的方法等。特别需要注意的是不能够有嘲笑轻视基
础差的同学的言语和举动。在具体辅导过程中，需要教师讲究指导策略，鼓励

小组学习时一起沟通交流，以逐步建立起师生之间、生生之间的互相理解的关系。经过这样的作业过程，长期坚持，对于基础差的学生，肯定会有所提高，能够增强美术学习的信心。

七、发挥学生的不同优势

我在美术学科教学过程中，经常会遇到这样一些现象：在一个班里，有一少部分学生上美术课，特别是上欣赏课的时候，语言表达、描述能力很强，但在绘画造型、手工制作等实际操作方面的能力，相对其语言表述会弱很多，甚至基础特别差；而另外一些学生，刚好相反，上美术欣赏课需要大家一起评述的时候，语言表述方面显得很弱，甚至不敢发言表达，但在美术造型、设计应用等方面显得很突出，能力很强。

如果把这两种学习情况做一下总结，那就是俗话所说的，一种是只会"动嘴"，不会"动手"；另一种则是相反，只会"动手"，不会"动嘴"。试想一下，如果把这两种学生做一下综合协调，对能说会道的学生，在继续发挥其特长优势的基础上，逐渐引导其向会动手的方向发展；对动手能力很强的学生，则引导其把自己美术造型过程中的所思所想，说出来让大家一起分享，使其加强语言表述方面的锻炼。那么，其结果又会是怎样？这种做法，是否可行呢？带着这样的思考，我就在一个班级里进行了尝试。

尝试一：观察分类。平时美术课（也包括其他课）当中，积极发言、比较踊跃，这样的学生在一个班里大概就有10人左右。而平时不喜欢讲话，性格上内向，发言不积极，但在绘画动手方面，能力比较强的学生，则有十五六人。把这两种学习情况的学生先进行分类。

尝试二：让其"各显神通"。先让能说会道的学生，利用"欣赏与评述"学习领域进行学习，给其机会，发挥其作品欣赏、语言表达上的优势，将他的优势展示给全班的同学。同时，教师要有心地私下观察那些不爱发言的学生的学习过程，观察他们的表情、情绪等，并在课后做好重点记录。在下一节绘画造型课的教学中，重点展示这部分不善于语言表述，只喜欢"蛮头苦干"的学生的美术作业，让其作业"露脸"。教师在这一环节，可以有所提示，提示计划在下一次的美术作业评价中，准备邀请全体同学一起参与，评述这些绘画作品，希望大家提前准备。这样设计的用意是，让画得不好，但喜欢评价的学生，有了一种积极参与评价的信心，而对于不善于表达的学生，让他们对自己的作业在下次美术课将被同学们评价，也有一种心理期待。

尝试三：学会包容，发挥各自的优势。由于上次美术课结束时教师的提示，被大多数同学记住了，因此，大家这次美术课，无论是对学习能力较强的学生，还是能力一般的学生，甚至学困生而言，都有一种好玩、有趣的上课期待，学生都能有所期盼、分享：无论自己是否积极发言，或者默默地听其他同学发言，或者自己纯粹是一个看客，都能在其中找到自己的位置。教师利用美术课正式开始之前的课间，邀请一些学生把上节课同学们的作业进行布置展示。期待的时间到了，教师先做本节课的学习动员和指引，并进行一番问题情境创设之后，按照每个小组的位置，对所展示的作业分小组参观讨论，模仿中央电视台二台《一槌定音》的形式展开。这种设计，以整体的视角，让每名学生都参与其中，进行感受，营造学习氛围。再以小组的视角，通过各小组成员讨论，派代表对作业进行评价发言，把学习气氛再做提升。这时，教师先要以抽签的方法，抽到一名学生的作业，该学生就要先对自己的作业进行介绍（这样设计的用意，就是为了避免学生只对好的作品进行评价的现象出现）；再请其他小组的同学进行评价，并要求提出修改的建议。"我们小组认为，这个小组的某某同学的美术作业，很有特色，主要是他画得比较逼真，所以，我们觉得画得比较好，好在用笔很细腻、很精致……，但是内容有点儿太空了……"一小组代表先发言说："我们小组认为，某某同学的作业，与另外一组的同学相比，画得不是很好，因为，它的色彩搭配不是特别好，画的线条不是很流畅，画面的整体表现感不是很强，所以我们小组建议这位同学在做这个作业时，还可以在色彩和线条上再仔细一些，这样就会画得更好，谢谢！"另一组伶牙俐齿的女生，代表小组就开始说开了。这时，教师观看其他小组的学生也开始坐不住了，连平时不爱说话的学生也在小组里开始与旁边的同学窃窃私语，有的甚至开始大声交流，课堂开始不安静了……

通过这样的尝试，原来学生学习的主动性、学习兴趣，教师是可以想方设法进行设计调动的，关键是要看教师是否能为学生设计、提供学习的问题情境和表达的平台。

美术课如此，其他学科也应该可以如此吧！

为有源头活水来

——初中美术教育教师、家长合作实验探究

一、引言

一年又一年、一届又一届，从新生入学，到毕业离校，笔者始终有着一种复杂的情绪：当初刚入学时学生对所有学习项目怀有新鲜感和好玩的天真烂漫的心境。然而美术学科的学习，学生随着年龄的增长，年级的提升，加上外围事物的影响，三年之中逐渐失去对美术学科学习的兴趣，甚至连最基本的要求都无法达到，带着迷茫离开学校。面对当前存在的这样或那样的教育问题，特别是美术教育的现状，笔者思考着这样的问题：自己对所从事的美术教育工作是否真正尽了心、尽了力？三年的美术课堂教学是否让学生学会了基本知识和基本技能？在这样循环往复的过程中，我还可以在哪些方面比现在做得更好，让更多的学生至少在美术学科不带着太多的遗憾走出学校？这些问题一直困惑、纠结着笔者的思绪。

二、问题的提出

（一）由调查引出的问题

为了比较准确地了解刚进入初中的新生和其家长对各学科的学习期望或者喜欢程度，笔者对七年级13个班共730名学生进行了一次问卷调查，对调查内容选项做了限定设置，即"最喜欢、第二喜欢、第三喜欢、第四喜欢和最后喜欢"的学科最多只能选2项，不能多选。下面是对学生问卷调查统计的结果，见表1。

你所喜欢的学科是，请真实地选择。

表1　调查统计结果

学科 兴趣点	语文	数学	英语	科学	历社	美术	音乐	信息	体育	其他
最喜欢	723	673								
第二喜欢				667	578					
第三喜欢			566			502				
第四喜欢								495	467	
最后喜欢							430			226

在对家长的调查问卷部分增加了"选择的原因说明"，见下表2。

表2　家长的调查问卷

学科希望程度	语文	数学	英语	科学	历社	美术	音乐	信息	体育	其他
最希望学好	721	721								
第二希望学好			721	714						
第三希望学好					640				655	
第四希望学好						426	413			
最后希望学好								701		215
请说出您这样选择的理由	（统计整理后的大多数理由）选择主课，主要是为了参加中考；其他学科可学可不学，因为中考不考									

（二）问题分析

1. 对学生调查问卷的分析

从对学生的调查问卷的统计情况来看，学生已经接受了近1个月的各学科学习，至少有了自己的感受。除语、数、英等主课全部被选为"喜欢"以更高程度以外，美术学科也被选在第三喜欢的位置。这至少可以说明两个问题：第一，学生学习的功利性非常明显：哪些是中考必学项目就重视哪些学科的学习，其他学科就可以不重视或不学习。第二，超过一半的学生选择美术学科，说明美术课程还是他们比较喜欢的学科。

2. 对家长调查问卷的分析

在所发730份收回721份的调查问卷中，有99%的家长都选择了语、数、英等主课的项目，选择的理由上也正代表了大多数家长的期望。这说明初中学生对学习科目的"功利性"表现，绝大多数源自家长教育的结果，家长是孩子选择科目的影响"源头"。

3. "源头"效应，引出美术教育现状的思考

从以上的问卷调查统计情况来看，虽然学生、家长把学习重点集中放在语、数、英等主课上，但是他们对美术学科的学习也没有持特别反对的态度。这就引发了笔者对美术学科教育现状的重新思考：长期以来，尽管自己已经尽心尽力地投入教学，但是教育效果为什么还是很不理想，是哪个环节出了问题呢？自己的教育理念是否得到了学生，特别是家长的理解、支持和配合？如果能够发挥家长的"源头"作用，美术学科的教育现状是否会产生新的变化？从家长影响孩子学习行为的角度看，想要解决这样的问题，必须先要做好调整家庭教育的工作，研究、建立与家长之间交流、配合和支持的联系平台。

三、探寻思路，尝试实践

（一）理论引导，探究解决途径

为了寻找问题解决的突破口，笔者开始思考和探索，并学习、研究国外在这方面的有关理论指导的资料。

根据美国社会教育家德克尔（Decker，1994）等人的研究，美国家长对学生学校教育的参与大致有四种联系模式，即保护性模式、由学校到家庭的单向传输模式、课程丰富性模式和伙伴合作关系模式。根据笔者对这四种联系模式的解读和理解，这里只介绍适合我们当前学校与家庭的实际存在的两种模式。

1. 由学校到家庭的单向传输模式

由学校到家庭的单向传输模式其目的在于，学校争取获得家长的理解和支持，以实现学校的教育目标。在这种模式下，教师和家长处于不平等的地位，不是平等交流的伙伴合作关系，而是一种单向的由学校到家长的传输。往往是教师告诉家长应该怎样在家里配合学校的教育工作，单方面教导家长如何行事，一厢情愿地期望家长按照学校和教师的要求督导学生。学校和教师居高临下，使家长处于从属被动和消极服从的地位。这种模式，正是我们目前国内大多数中小学校与家长之间关系的真实写照。与笔者想要建立的美术教育与家长的联动模式不相符，也不可取。

2. 伙伴合作关系模式

伙伴合作关系模式是指教师和家长建立平等交流、互相配合的伙伴合作关系，学校与家庭互相分担教育学生的职责，为了学生的健康成长共同努力。与其他家长参与模式不同的是，在这种模式下，家长与教师的合作伙伴关系反映和渗透在学校和家庭互动过程中的各个不同层次和方面。而且，这种模式下的每一种合作方式，无论对于学生、教师，还是家长都会有明显的好处，更有利于教育教学质量的整体提升。这种模式是比较符合笔者所面临问题的解决思路的。笔者决定在美术教育教学过程进行实践探索。

（二）把握机遇，探寻实践方法

在目前的中小学教育中，美术学科教师很少有机会承担班主任工作，尤其在初中教育阶段。但是，笔者在一个偶然的机会，临危受命，被要求承担了所谓"烂班"的班主任工作。这个班级共有56名学生，由于前任班主任是一位大学刚毕业的年轻教师，不知道怎么当班主任，更不知道如何管理班级，结果被学生"欺负"，使整个班级处于"无政府"状态。我进行了近3个多月的规范整顿、疏导，特别是与每名学生的家长建立起了信息联系、交流、沟通的平台后，得到了他们的积极支持和配合，家长的热情和积极性也被有效地调动起来了，他们一起参与了班级的部分管理工作。

这使笔者有了新的思考：何不趁做班主任的机会和组立的关系，把自己的美术学科教学好好地进行宣传，使家长也关注、了解自己孩子的美术学习情况呢？这样做更能引起他们对美术教育的重视。这样，既能形成学生认真学习美术知识和技能的教学氛围，又可以借与每个家长联系的契机，把美术教学活动有声有色地开展起来。

1. 引导家长重视、支持美术教育

笔者在充分尊重家长"望子成龙""望女成凤"的思想基础上，引导他们重视美术学习活动对其孩子以后发展潜力的影响，并建议家长给每名学生购买一些美术课学习所必需的材料，如每人需要准备买一本8开的绘画本，一盒12色的水粉或水彩颜料，以及水粉或水彩笔、绘画铅笔等材料和工具。在家长的支持下，这些材料和工具基本准备好了。同时，笔者引导并要求每名学生管理好这些物品，珍惜父母亲所提供的学习用具。这样，为顺利开展美术学科的教学活动，完善了学习的物质基础。

2. 学生学习美术的兴趣、热情空前高涨

由于班主任的角色魅力和笔者与家长之间的关系，经过近一个学期的平等交流、相互沟通，各方面有了特别好的发展。因此，学生的各学科成绩也有了很大的进步。班级由原来每次小考年级倒数第一，几次提升到了第九和第十的位置。尤其是美术学习的氛围异常活跃，参与学校各类的文化活动均为全年级最积极，造型表现能力最强的班级。学生学习美术的兴趣和热情被激发了出来。

四、以点带面构建互动平台

（一）尽心尽责，感动他班

笔者虽然承担着一个班级的班主任工作，但仍担负着全年级另外12个班级的美术教学工作，所以教学工作相当繁重。尽管如此，笔者也在思考，能否把自己班级的家、校之间的关系模式，也运用到全年级的教学工作中呢？如果能够行得通，这就意味着初中年级的美术教育教学工作，可以得到广大家长的关注和认同，美术教育的质量肯定会得到进一步提升。

1. 认真履行职责，协助各班主任工作

笔者在平时的学科教学工作中，除了自己的班主任工作以外，还积极与其他班级的班主任进行沟通交流，配合和协助她们的班级管理工作。同时，笔者在自己的美术学科教学方面认真、负责，严格执行《美术课程标准》的教学任务要求，特别是让自己的美术课不轻易被其他主课所调配、霸占，不把它放弃，并且每隔几周在学校的宣传栏里展示整个年级学生的美术绘画或者手工作业。因此，我也赢得了学生的尊重，得到各班主任的信任和支持，向下一步与各班家长联系的目标又近了一步。

2. 以教学为突破口，试建交流合作平台

在日常的教学过程中，美术学科长期被家长轻视，家长根本不关注自己孩子的美术学习情况，所以笔者与其他班级的家长几乎没有联系和交流。面对这样的现状，笔者只能通过其他班班主任与家长之间的联系，尝试"插足式"的联系方式。具体做法是：先请各班主任帮忙，在"家校通"平台上把自己对每名学生的美术学习情况，以信息方式告知各班家长，并附上需要解答、帮助的笔者电话、QQ号、电子邮件等联系方式。

（二）真情投入，初显效果

1. 初次尝试，以点带面

笔者抱着极大的热情等待着各班家长的信息光临，但是等待了一个多星期，只有5个班级的个别家长主动与笔者联系。这些家长联系我只是想打听一下自己孩子由于文化学习成绩不好，想到外面参加美术特长班等之类的事情；也有个别家长想打听孩子美术学习情况。当时笔者想，只要有家长主动联系，就要紧紧抓住这样的机会。笔者对家长提出的问题，进行了细致的解答并提出了自己的建议。同时，表示自己在平时美术教学活动中会关注其学习情况等。这样，又过了几天，有了惊喜，其他班的家长也纷纷用电话和信息形式开始与笔者联系。联系和咨询的内容与以前家长的情况差不多，但是给笔者清晰的感觉是，这些家长是听其他家长介绍后开始主动联系的，说明自己以前所做的解释工作，以点带面的效果还是不错的。这给自己下一步构建起教师与家长之间联系的平台增添了信心。

2. 真情投入，"活水"涌动

"问渠那得清如许，为有源头活水来。"引用朱熹的《观书有感》中的这两句诗，试将家庭教育比作教育的"源头"，来激发学生的学习"活水"。笔者经过一年多孜孜不倦的努力，到了八年级的上半学期，各班家长主动与笔者在美术学科教学方面的交流有了很大的转机。由起初各班家长零散的五六人，发展到各班级至少有近30名家长，有3个班级甚至有40多位家长用电话、短信或QQ与笔者经常保持联系。他们所透露出的思想顾虑主要表现为：由于他们对美术教育不懂，缺乏了解，不清楚学习美术对其他主课学习有什么帮助；担心孩子学习美术会耽误语、数、英等中考必考科目的学习时间等问题。现在通过与笔者交流后，家长表示一定会积极支持和配合学校的美术教学活动，因为双方的目标都是一致的，都是为了孩子的发展进步。因此，在得到家长的理解和支持后，美术课堂教学逐渐开始变化，主要体现在：

（1）学习态度发生了变化。在我未与家长建立交流、沟通平台之前，走进美术课堂，就会看到全班学生几乎都在做其他学科的作业，没有课前准备；开始上课后，无论教师讲得如何有趣生动，仍有部分学生偷偷地做作业，看其心思仍停留在怎样完成其他作业上，注意力不能够集中。自从与家长反映这一现象后，通过与家长的平等沟通，得到了他们的认同和帮助，学生对美术课程学习的重视程度也逐渐发生了变化，原先已经没有美术书本的学生，也主动到其他班去借来上课，班长的课前管理也明显有了的效果，学生对美术课学习的态度有了明显的好转。

（2）学习方式有了改变。在以往的美术课程学习中，很多内容需要学生课前利用网络自学和查找资料，但由于家长对孩子上网行为心存疑虑，一般很少有家长会允许这样做。通过与家长建立联系后，笔者一般事先用信息或者"家校通"或QQ告知家长，同时也希望配合做好监管工作。现在各班的大部分学生基本能够做好课前准备工作，使课堂的教学时间更多地让位于学生的实践操作。

（3）学习信心有了明显的提升。以前美术课作业时，大多数学生都是对着课本临摹，缺乏信心自己大胆独立思考。而现在，有一部分学生在作业前先要进行小组讨论，说说自己的不同想法，并对作业提出自己的建议。这样的学习，久而久之，影响了一大批原先不愿交流的学生。学生美术学习的自信心有了明显提高，也体现在学习行为上的变化。

（4）学习的积极性、主动性得到激发。对大部分学生来说，以往的美术课都是被动式学习，老师要求什么，学生就学习什么。自从家长与教师信息交流畅通后，家长经常会问孩子在美术课上的学习情况，所以学生也更聪明，很有信心地积极参与学习活动。有部分学生还在小组内开展主动探究式学习。加上笔者与家长交流时基本都以表扬、发现其"闪光点"为主，这样，学生既可以在上美术课时表现自己，还可以在家里得到肯定，达到了学习"双丰收"的目的，提高了他们学好美术的信心。

五、结语

（一）疏通"源头"，才能保持"活水来"

笔者深刻地感受到，初中三年，与家长所构建起的合作平台的实践证明，只要教师本着一颗以学生发展为本的心，尽心尽力，平等、真诚地与家长合作，共同探究问题的本源，探索解决途径，无论是美术学科，还是其他学科的教育，都必将产生"为有源头活水来"的效果。目前，笔者还长期地坚持着这样的教育理念和实践。

（二）构建学校、家庭和社区的互动平台，将任重而道远

笔者查阅了部分港台和美国中小学教育有关家、校和社区互动方面的信息资料，感受到他们已经探索出一条行之有效的路径。而我们仍处于起步初期，尽管自己对美术学科教育做了有益的探索与实践，但是深感势单力薄，精力有限。如果我们的每个学科都能逐渐构建起学校、家庭和社区，教师、家长和社工之间的联动模式，共同参与，平等合作，发挥群体力量。那么，不只是美术教育，甚至我们的整个中小学教育都会有新的发展与突破。

参考文献

［1］鲁署明，欧阳荣华，陈德祥.教育学［M］.北京：中国人民大学出版社，2007.

［2］R.M.加涅.学习的条件和教学论［M］.皮连生，王映学，郑藏，等，译.上海：华东师范大学出版社，2000.

［3］戴维·H.乔纳森.学习环境的理论基础［M］.郑太年，任友群，译.上海：华东师范大学出版社，2002.

［4］朱作仁.创造教育手册［M］.南宁：广西教育出版社，1991.

［5］孙建荣，冯建华.憧憬与迷惑的事业：美国文化与美国教育［M］.北京：中国社会科学出版社，2007：39-40.

九年级美术课，原来可以大有作为

——记九年级美术学科教学思考与探索

每年的九年级工作会议，都会聆听到九年级教师辛勤付出的丰富、生动而真实的各种体会、经验。这些都值得我们每位任课教师好好学习。每到这个时候，笔者都会进行再思考。笔者也曾做过九年级的美术学科教师，尽管所任科目不是中考科目，但是否也为九年级这一年自己的学科教育教学尽了一份学科教师的责任呢？因此，笔者思考过后还是提起笔来，想写一写在九年级美术学科课堂教学过程中，所产生的点滴感受与思考。

从一般的初级中学来看，每到九年级阶段，学校方方面面都会逐渐显得紧张起来，尤其是任课中考科目的教师的压力也会与日俱增。而对初级中学的名校来说，更是如此。

在九年级的课程安排上，从原来七、八年级的每周一节美术、音乐学科的课程表，到了九年级往往也巧妙地被设计成"综合课"。但课程无论怎么样被命名，作为美术学科的教师，还是需要承担起本年级的"综合课"课程教学任务的。尽管学校在九年级不希望把"综合课"真的上成了美术课，更希望的是为其他有中考科目的主课"做题"看班。每当这个时候，笔者思忖着，难道一周上一节正常的美术课，会影响九年级的主课教学，会真的耽误了其他主课的教学任务？艺术学科对九年级的主课冲击力真的有这么大吗？暗思着，自己对所任教的美术学科也要有像中考学科的认识高度而全心投入，想方设法为学生创设、提供一种良好的艺术教育教学氛围，努力扭转学校领导和其他学科教师对九年级美术课程会占用主课教学时间，给中考学科拖了后腿的有失公允的观念。

一、随时听从教导处课程计划的安排，努力完成其所交给的学科教学任务

学校教导处从九年级课程整体安排的角度，对一些非中考科目，如艺术学科课程，进行适当调整，为的是更好地统筹兼顾，为中考科目的学科教学腾出更多的教学时间、空间。作为九年级的美术学科课程，尽管理论上是国家规定义务教育阶段所必需的课程，但各校会根据各自的教学实际做出相应的调整。作为美术学科教师，有时会因临时突发事件，进行主科和非中考科目之间课程的临时协调，甚至会遇到临时"看课""看班、看学生做题"等工作。对这样的调整，笔者随时恭候，很乐意承担起"我是学校一块砖，哪里需要往哪搬"的任务。这也体现出九年级学科教师的积极态度和集体至上的精神。所以，在这一年，虽然"综合课"（美术课）时断时续，但能够积极主动地实现学科教学工作需要的自我价值。

二、迎中考，为学生营造一种积极、轻松、乐观的课堂教学氛围

1. 调整心态，做好中考学科教学服务工作

从初中教育教学规律和学生的学习过程来看，九年级上"综合课"，既不会因其开设而耽误中考科目的教学时间，更不会影响其他中考科目考试成绩。而现实的情况则是，在七、八年级阶段，每周每班一节的美术课，到了九年级，调整为两周一节，而且被命名为"综合课"。在这样现实的情况下，美术课堂教学，随时会变成其他中考学科的课堂。作为一名学科教师，能够深深理解，也愿意随时、随地变为"代课老师""看班老师"。尽管如此，笔者任教九年级"综合课"（以下以"美术课"替代），还是通过课堂活动，想方设法对学生学习过程中所出现的，诸如因有做不完的作业，心里烦、成绩下降等思想情绪方面的问题尽微薄之力，对学生进行直接或间接的思想开导和健康引领。特别是九年级后半学期，中考科目要完成大量的作业，辅助做好学生的思想工作，显得更为重要。

2. 结合美术学科特点，以学科教育事例来促进学生健康学习

每当有课堂教学机会，笔者就会根据学科教材指引，以学科欣赏教育为案例，提前设计让学生边做作业，边欣赏、聆听和观摩艺术家怎样在恶劣的环境

下，进行艺术作品创作等事例，来引导学生克服目前的困难，以缓解或分散他们这一阶段思想情绪上的不安因素。同时，在不占用学生作业时间的情况下，也时而与学生交流沟通，表现出美术教师对每位九年级学子，同样希望其能够顺利考入理想高中，或者找到一所能够学到一技之长的学校的关爱情怀。这样，尽管自己不是他们的班主任，也不是中考科目教师，通过这样的交流，也能够或多或少拉近师生之间的距离。

三、不忘学科初心，继续培养学生艺术感知思维，是艺术学科教师的责任与担当

1. 调整学科教学策略，重欣赏轻作业

在九年级美术课教学过程中，笔者每每看到学生辛苦地沉浸在题海作业中时，会不忍心再去布置美术学科的正常作业，以免加重他们的作业负担。但也没有因此而忘记学科教育的初衷。在初三上学期，凡是美术课没有被其他中考学科所"霸占"的时候，笔者仍按照九年级美术课程教材要求继续正常授课，只是对学生的作业部分，做了重心调整，注重以引导、开展美术作品欣赏为主的课堂教学模式，努力使学生在忙碌于题海练习中时，仍然能够感受到艺术大师经典的美术作品所带给他们的缕缕艺术清风。

2. 从审美视角，培养提升学生的艺术感受能力

以《美术课程标准》为依据，从为学生排忧解难的角度去培养提升他们对艺术作品的感知能力。如九年级上学期，重点介绍了国内外大师级画家，如齐白石、徐悲鸿，岭南画派代表人物高剑父、李铁夫和关山月等人；国外大师级画家，如写实画家达·芬奇、米开朗琪罗、大卫、安格尔，抽象派画家，如毕加索、马蒂斯、蒙德里安、康定斯基等，介绍他们中学时代的成长过程，以及代表作品的创作思想……在九年级下学期课程中，有大量的国内外古代、近现代的雕塑艺术和现代科技型艺术作品介绍。在欣赏这些艺术作品的过程中，学生会了解到中国古代陵墓雕塑、宗教雕塑的伟大成就和艺术特点，笔者重点引领学生学习作品所表现出的艺术思想，并与文学、历史、地理跨学科知识相联系。又如，欣赏中国古代大气磅礴的西汉石雕《霍去病》、唐代雕塑《六骏图》的石雕艺术等造型。在讲授西方古希腊雕塑《米洛斯的阿芙洛蒂忒》即《米洛斯的维纳斯》，米开朗琪罗创作的雕塑《摩西》，法国雕塑家乌

东创作的《伏尔泰坐像》等作品时，让学生体会东西方文化的差异和作品所呈现出的不同的审美视野。例如，向学生介绍20世纪英国著名的雕塑家亨利·摩尔。年轻时，亨利·摩尔很崇拜现代派雕塑家勃尔泽斯卡、布朗库西和毕加索等人，他也曾竭力追求构成主义的思考方式，一度还对超现实主义的潜意识表现产生兴趣。他在观察自然界有机形体（如甲壳、骨骼、石块、树根等）中领悟空间、形态的虚实关系，自然力赋予形态的影响等，使自己的作品尽量符合自然力的法则。到了20世纪50年代，他的创作思想发生了新的变化，摩尔在艺术上的发展主要体现在空间的连贯性方面。他用空洞、薄壳、套叠、穿插等手法把人物大胆而自由地异化为有韵律、有节奏的空间形态。最出色的代表作如1951年作的《内部和外部的斜倚人物》。它的母题仍是1926年受印第安托尔特克文化中雨神雕像影响而创作的《斜倚人物》，但以圆孔处理颈、胸、腹部的体积，流畅自然，韵味无穷。1952年他所作的《国王和王后》是扁平造型的代表。简练的平片形产生了起伏的立体空间感。此后，他又迷恋于直立主题，用以创造纪念碑式的伟大、肃穆的雕塑，亦受到广泛的赞誉……

通过这些美术课程的教学活动，为九年级学生课堂学习创设一种良好的艺术教育情境与氛围，在拓宽他们审美视野的同时，也相信学生会把所学的艺术知识迁移到其他中考学科的学习过程中，成为他们学有所用的中考备份资源，能够间接地为他们的中考科目学习，补充跨学科的辅助性知识。

3. 发挥学科教学优势，适当地参与学科赛事项目

在九年级这一年的美术学科教学过程中，笔者利用课堂教学机会，有的放矢地引领部分学生适当地参与美术学科竞赛活动。如在九年级上、下学期，我根据九年级教学实际情况，引入不需要花费很多时间、很多精力的参赛项目。如参加由深圳市读书月组委会组织的"深圳市中小学生摄影作品大赛""深圳市第八届中小学师生美术实践活动"等艺术参赛项目，美术造型设计能力较强的少部分学生，从关注自己身边所发生的人和事入手，拍出一幅好的摄影作品。设计创作出一幅有情境的美术作品等方面进行创作辅导。经过提前布置和准备，共有45件摄影作品，20件美术绘画作品提交，学生非常积极地参与这些赛事，并先后有6幅作品荣获深圳市级一、二等奖，11幅作品荣获三等奖。尽管获奖率不是很高，但对于九年级学生来说，在没有影响中考科目学习的情况下，还能够参与这些活动并取得这样的成绩，反而提高了他们努力学好中考科目的信心和决心。

4. 为美术特长生参加中考艺考项目，多提供一个选择学校的机会

每届的九年级都会有参加美术特长生艺考的学生。虽然是极少数学生，但是，这些文化课成绩不是很好的学生，想通过中考艺考途径找到自己心目中的学校。作为美术学科的任课教师，就需要主动承担起对这些中考艺考生的思想和学科专业上的辅导工作，尽可能地为他们多提供一些能够继续升学、多所学校选择的信息指导和专业引领。

综上所述，在每年的九年级美术课堂教学过程中，笔者深深感到作为一名美术学科教师，无论任教"综合课"，承担"看班"任务，还是紧紧把握住有美术课上的难得时机，都必须有一份艺术学科教师应具有的责任与情怀，担负起美术课程教育教学的职责。那就是要充分利用美术课堂教学的机会和平台，抓住一切有利时机，有的放矢地开展美术审美教育活动，努力为初中第三年的美术教育，拓展更宽阔的艺术学习视野，努力为学生未来的发展，提升核心素养的审美能力，探索出一条美术学科课堂教学的路径。

让新课程理想之光在美术课堂闪耀

——初中美术课堂教学设计实践探索

《美术课程标准》（2011年版）明确指出："美术课程应适应素质教育的要求，面向全体学生，以学生发展为本。"随着新一轮课改理念的不断深入，美术课堂出现了更可喜的变化。以往老师讲、学生听，老师画、学生模仿的固化模式，逐渐向教师引导、师生交流，学生自主、生生互助，探索美术课堂教学的新形式发展，努力使美术课堂焕发出了新的勃勃生机。

一、营造教与学的氛围，激发互帮互学的兴趣

有一位哲人曾经说过：一人一个苹果，交换后每人还是一个苹果；一人一个观点，交换后就是每人两个观点。也就是说，交流会产生出更多新的观点。

教师的教学观决定课堂氛围。课堂教学是否有良好的教与学的民主氛围，是由教师的教学观（体现培养学生主体学习意识的理念）决定的。这种理念更是产生学习兴趣，迸发出更多激情"火花"的前提条件。美术课堂教学，尽管强调有一定的美术技能练习过程，但除个别学生有一定的美术造型能力外，大部分学生都是处于被动学习状态。学生心里如有不懂的想法，也不敢轻易在学习过程中，特别是当着老师和同学的面提出来。这就更加需要教师在教学设计过程中考虑到这些问题。教师要提早摆正教学的位置，思想上树立起学生为主体的思想，在课堂上努力营造民主和谐的气氛，师生平等对话，生生互帮互学。只有这样，学生才会在轻松愉悦的状态下唤起对学习的兴趣。

教学过程是教者与学者、学者与学者的互动过程。如在每学期开学的第一、二节课上，我都会在学生中做一项小调查——征询学生对新学期美术课的建议的调查问卷，让学生写出自己对美术课的想法及最想要学习的内容。然后综合调查结果与教科书来安排课程计划。这样，大部分课程都是学生感兴趣的

内容，学生学习起来自然兴趣大增。特别是当美术绘画基础比较薄弱的学生遇到造型技巧问题时，就会主动向造型能力较强的同学请教，而能力较强的同学，也因为得到同学的邀请和能力受到认可，得到老师的肯定，激发出更加努力学习的动力。营造出这样的师生、生生学习交流，轻松、民主的课堂教学氛围，无论是教风、学风，还是美术学科专业学习提高，长期坚持下来效果都很显著，使美术课堂与以往"教师的教、学生的学"单纯固化相比，呈现出"师生交流、生生互帮互学"综合多样化的教学活力。

二、精彩导入设计，激起学生探索欲望

课堂教学导入，需要精心设计。苏霍姆林斯基说："如果老师不想办法使学生产生情绪高昂的智力振奋的内心状态，就急于传授知识，那么这种知识只能使人产生冷漠的态度，而给不动感情的脑力劳动带来疲劳。"美术课的教学导入更是如此。一节美术课导入的部分犹如小提琴定调、歌唱家定音一样，应该说是能否上好这节课的关键所在。这就要求教师要开动脑筋，设计一个精彩的导入，争取在一开始就将学生的注意力牢牢吸引住，以此引发学生的好奇心，让学生乐于探究。导入的方法有很多，可以有想象倒入、故事导入、谈话导入、情境导入、游戏导入、猜谜语导入……不论哪种导入，关键是必须根据学习者的年龄、认知水平等特点，和所讲的内容紧密联系，紧扣教学目标，激起学生的兴趣和探索欲望。

导入形式，需要开启想象。如在执教《图形创意》一课时，一开始我就在屏幕上打出了一个黑色的圆点，请大家说一说"从这一点开始，你还有多少种丰富的想象？"。开始时，有些学生很不屑一顾，说："这么简单的点，还要问我们像什么。"有的学生则说出"太阳、蝌蚪、痣、黑豆……"学生的答案五花八门，大家耳熟能详的形象一个个说完以后，我继续提问："还有什么想象？"学生被问住了，特别是原先那些觉得很不屑一顾的学生也不知道如何回答。这就到了引起了大家学习兴趣的时候，这时我就开始导入本节课的学习主题。有了这样"悬念式"的开头教学就成功了一半，接下来的课程进行得非常顺利。这样导入，学生的想象力被激活了，创意更加精彩纷呈。

三、联系生活事例，激扬学生创新精神

有一本书中这样写道：有没有学生这样问过你，"我们为什么一定要知道这个呢？"。如果有的话，那你就得注意了，这意味着你还没有把课堂内容与现实生活联系起来。

学习理论知识，是为了更好地为生活实践做指导。单纯的理论技法的确令人觉得枯燥无味，但如果能够将知识与实际联系起来，就会得到事半功倍的效果。学生的潜能一旦被发掘出来，其释放出的能量可以说是巨大的。

如在上《标志设计》一课时，恰逢学校要举办运动会，我们便在全校征集运动会标志，学生表现得异常活跃，踊跃投稿，上交的作品真的是令老师感到惊讶。这些作品创意新颖，简单大方易识别，让人不太相信是学生自己设计的作品。之后我和学生一同评选优秀作品，最后，经过学校同意，运用电脑制作喷绘，在运动会场地周围展示和应用，这成为学生自己创作标志作品的一道亮丽的风景线。学生轻松出色地就完成了教学内容。

中国有一句话说得好：我听说了，然后又忘记了；我看到了，于是记住了；我动手了，才明白了其中的道理。学生将课堂内容与现实生活相联系，更能激发创新能力。

四、创设"高一点"评价，激励学生不断前进

以评价促教学质量提高。关注美术课堂作业的评价，更有利于提高学生的绘画水平、鉴赏能力和审美能力，是美术教学不可忽视的重要环节。评价绝不是简单的"像不像""好不好"。人存在个体差异，评价应该抓住其中的闪光点多方面、多角度进行评价。采取学生自评、小组互评方式，如学生小组内先开展互评，之后小组间评价，最后教师做过程性总结评价等。

"它山之石，可以攻玉。"学习借鉴有效方法，尝试探索实践过程。一位教师说过："引导学生对他们的未来充满自信，虽然最终未必人人都能实现既定的目标，但他们一定会因此而格外努力。如果给学生得到比实际情况高一点儿的评价，他们就会努力地去达到那个目标。在对自己毫不知情的情况下，人们才勇于尝试。我一直都在引导学生对自己充满信心，一旦他们有了自信，就可以一往无前。"这位老师巧妙地运用了暗示的方法，学生受到这种暗示就会

不自觉地把潜意识和努力结合起来，以实现预定的目标。为了学习借鉴这位教师的方法，笔者在学生作业评价环节，也尝试给学生比实际高一点儿的评价，以增强他们的自信心，学生有了进步，再引领他们向做得更好的方向提高。只高"一点儿"的评价，具有意想不到的神奇力量，可以推动学生朝着更高的方向前进。但是评价一定要有度，不能夸大事实，要合乎常理。将这些评价方法应用于课堂，进行不断地实践探索、修改、再实践，不断地积累起实践经验，可以取得良好的美术学科学生学习过程综合评价的效果。

综上所述，在新课程教育理念的引领下，笔者作为一名教师，越来越发现教育的重心在发生根本的变化。教育的发展趋势不由地让我们把眼光放得更深更远。新课程理念下的美术课堂，更为我们打开了一扇通向学科教育教学的大视野之窗，这就更需要我们美术学科教师不断地实践与探索。只有不断地尝试、探索、再实践、再探索，不断地积累起能适应基础教育新课改的丰富有效的实践经验，才能使我们的美术课堂放射出更加耀眼的光芒。

参考文献

［1］靳玉乐.新课程改革的理念与创新［M］.北京：人民教育出版社，2003.

［2］优才教育研究院.教学课堂氛围营造的艺术［M］.重庆：四川大学出版社，2013.

在作业中评价，在评价中学习

——初中美术作业评析思考

一、引言

《义务教育美术课程标准》（2011年版）在第四学段（七、九年级）（三）"欣赏—评述""学习期域"目标中指出："欣赏不同时代和文化的美术作品，了解重要的美术家及流派。通过描述、分析、比较与讨论等方式，认识美术的不同门类及表现形式，尊重人类文化遗产，对美术作品和美术现象进行简短评述，表达感受和见解。"除认真实施好以上目标外，在具体的实践过程中，对同龄人和自己身边学生的作业，是否也可以进行欣赏评价，达到学生的作业互相欣赏，使学生学会尊重他人，促进共同发展的目的呢？本人依据长期的实践，在课堂作业欣赏评价方面，做了一些探索，与同行一起交流。

二、美术作业评价出现的问题

1. 盲目跟从的现象

在美术作业评价中，经常会出现如下状况：当一部分学生对其他同学的作业进行评价的时候，也会影响多数人的评判意见的，从而干扰其他学生的判断，使其他学生产生从众心理，失去自我对作品的感觉评价。如在一次课堂作业评价中，我以一幅学生作业为例，并请喜欢这幅画的学生评价，教室里约有10个左右的学生举手表示喜欢这幅画。在其后的理由论述中，我请了其中几名学生说说自己的想法，他们的回答马上由喜欢变成了不喜欢。这一点在七年段学生中尤为突出。

2. 以自我为中心的心理

由于美术课堂作业的评价一般都是教师引导学生，在课堂教学结束前

5分钟进行，在作业评价过程中，学生往往从自身的喜好出发，来评价他人的作品，经常会以"我不喜欢这个颜色""我觉得这棵树画得太大"等理由来否定他人的作品。或者只看到其他同学的缺点，总认为自己是对的。在作业互评时，有时还会产生偏激的评价。这也正是七年级美术课堂作业评价中经常出现的一个问题。教师需要及时加以正确引导，特别指出评价他人作业时要以鼓励为主，再提出自己的建议，这样其他同学就会更容易接受。

三、美术作业评价探讨解决问题的思路

1. 初中生的自我中心主义

自我中心主义是指把全部注意力集中在自己的需求和利益上，不能采纳不同意见。对于与自己不一致的意见，决然不能接受。因为有这种心理的人不懂得除了他的观点之外还可以有他人的观点；他认为其他人的心理结构和他的心理结构完全一样。所以有这种心理的学生只会从自己的观点出发，不会去维护对方的观点。反应在美术作业评价中就表现为完全从个人的喜好出发评价他人的作品，而不是从客观的角度来分析问题。

2. 不敢表现自我的从众心理

从众心理根据心理学的解释为"一般说来，群体成员的行为，通常具有跟从群体的倾向。当他发现自己的行为和意见与群体不一致，或与群体中大多数人有分歧时，会感受到一种压力，这促使他趋向于与群体一致的现象，这种现象就叫作从众行为"。具体反应在美术作业评价过程，即表现为没有自我感觉的盲目性，心里没有把握，就跟从大多数人的意见而否定自己的想法。这就更需要教师进行引导。如将你第一眼看到这幅作业时的真实感受说出来：先从作业的整体上说，后说具体的如形象、线条、构图等。这样逐渐培养学生的评价感受。

3. 小组群体效应的作用因素

心理学研究显示，评价者与被评价者之间的人际关系会影响评判的结果。学生生性好动，喜欢群体活动，这对学生个体有很大的影响，它可以改变学生的外在行为，还能改变他们对内在联系的态度和认知，在相互评价的过程中时常形成派别，造成因为感情因素而不顾客观事实的结果。在课堂作业的评价环节，学生在进行小组内互评时，比较喜欢"人云亦云"，喜欢小组内多人"好

关系"式的集体评价。面对评价过程所出现的这种小组群体效应所产生的问题，教师要深入地关注学生在小组内的互评，发现问题及时引导和纠正，不能够随便回避，否则会对以后作业评价环节产生不良的影响。

四、美术作业评价既欣赏作业更欣赏他人

1. 学习欣赏评价，学会鼓励他人

在美术课堂上教学过程中，无论是欣赏大师作品，还是欣赏他人的普通作业，作为美术教师，都需要正确引导学生，使学生学会欣赏同学的作品。在这个过程中更重要的任务是教育学生相互欣赏、相互鼓励。正如威廉·詹姆斯所说："人性中最深切的心理动机，是被人赏识的渴望。"教师需要长期明确地指导学生：每个人都需要被他人肯定，都渴望得到他人的欣赏，同样，每个人也应该学会欣赏他人。而且教师要趁势利用课堂教学中所发生的真实事例，说明作业欣赏评价过程更应该学会欣赏他人，提出好的建议。

2. 学习欣赏评价，也是帮助自己提高

有位学者曾说："智者尊重每个人，因为他知道人各有所长，也明白成事不易。学会欣赏每个人会让你受益无穷。"美术课堂的作业评价过程，实际上是《美术课程标准》（2011年版）"欣赏评述"学习领域的实施要求。让学生学会欣赏他人的作品，既是锻炼自己去发现作业中存在的"不足"，也是提高欣赏评价能力的过程。当你向他人说出"你的构图很饱满，线条用得很流畅，你真厉害"时，其实在无形中为自己找到了欣赏他人的途径，也实现了被他人尊重的自我能力的提高。

3. 学习欣赏评价，更是一种审美情怀的体现

由于现在的学生，大多是独生子女，喜欢以自我为中心，不懂得去欣赏他人，有的甚至对他人所取得的成绩，还有妒忌心理。这也属于正常现象，关键是教师一旦发现学生有这样的心理，就要进行正确的引导，说清道理，讲明是非。同时，教师在教学过程中，要民主、公平地对待每一名学生，使学生觉得老师是公正的。教师只要把欣赏学生、爱护学生和纠正学生错误结合起来，久而久之，学生在欣赏评价他人的作业时，自然地就会做到实事求是。因此，美术课堂作业的评价更要注重培养学生欣赏他人的意识，从而激发学生积极参与评价的热情。

五、美术作业评价更有欣赏方法

1. 欣赏评价要有正确的导向

在课堂评价中，教师要经常向学生说明评价的方法和意义，教育学生应该公平地做出判断和评价，并讲明自己的理由。

由于初中学生的心理还未形成定性的世界观和成熟的认知系统，教师在评价过程中应使学生明白评价的意义在于发现他人的优点，提出自己的看法，从而促进自身的发展，而不是一味地否定他人。教师可以在作业评价时提出问题，如为什么要进行评价？你在评价中学到了什么？等。使学生通过思考这些问题，逐渐意识到评价的目的和意义，从而达到评价的真正目的。

2. 欣赏评价更要指引学生个性的发展

教师在评价中首先要有自己示范的环节，指导学生欣赏评价时第一步怎么做，第二步应该怎么说等，使学生明白欣赏评价作品的基本方式方法。同时，教师在评价中，应公平地看待每一个学生，发现学生的闪光点，努力使学生"心服口服"，积极参与。

积极鼓励学生进行有个性的欣赏评价。在具体的作品、作业欣赏过程中，教师应该注意到那些富有审美个性的学生，其想法往往与众不同。对具有美术独创能力的作品、作业，应该进行重点描述和评价。对待学生在评价过程中所出现的问题，既要看到其弱点和不足，又要分析其长处和闪光点，好好保护学生的个性化思想。

3. 欣赏评价鼓励引导为主

在《我在天上飞》一课中，笔者在评价中设置了"最佳色彩奖""最佳创意奖""表现奖"。每一个学生都能在其中找到一个适合自己的奖项。在评价中，很多学生发表了自己的观点："我觉得××的飞行器颜色特别漂亮，很鲜艳。""我看到××的作业很有创意，我没有想到这个方法，以后我要多开动脑筋。"看着自己的成绩被肯定了，大家都很开心。通过这种形式的评价活动，同学在"获奖"的同时增强了对学习美术的积极性，增强了自信心，也学会了欣赏他人。

总而言之，评价不是真正的目的，而是为了促进学生的发展，让更多学生在评价中获得赞赏和鼓励，让学生在评价中学会欣赏他人，学会学习，取长补短。这样的美术教学才能体现学科核心素养的培养，这样的美术教学评价才是科学的、理性的、有功效的。

参考文献

［1］中华人民共和国教育部.全日制义务教育《美术课程标准》（2011年版）［M］.北京：北京师范大学出版社，2011.

［2］刘丽.美术作业评价中出现问题的解决［J］.达县师范高等专科学校学报，2005（S1）：43.

让智慧明灯点亮有效课堂

——初中美术课堂"调皮生"问题的思考与对策

一、引言

我们在日常的美术课堂教学过程中，特别是在参加各级各类的现场教学竞赛活动过程中，面对不同学生，也确实有不同的表现。尽管在课前已经做足各种各样的预测工作，但是，当自己在课堂教学和公开课现场，真正遇到特别不配合、故意调皮捣蛋、造型基础特别差、不愿动手的学生时，怎样运用智慧艺术地去处理，化解即时的尴尬情境，显得更加重要。笔者就这些问题，结合真实的教学案例展开思考与探索。

二、调皮生现象的普遍存在

笔者曾担任区教研中心兼职教研员，在随教研员到各初中学校推门听课时，发现这种在美术课堂上不配合老师，在作业过程中调皮捣蛋等的现象，在大多数中小学校美术课堂教学中普遍存在。在一些比较名优的学校，这样的学生虽然相对少些，但也确实存在，普通学校相对会多一些。

在一次区级教学公开课决赛现场，笔者就遇到某重点学校几名男生极不配合的尴尬局面。这几名学生公开提出自己"不懂"美术课，不会设计，更不会绘画。他们甚至自己不动手，还去干扰旁边座位的同学。教师虽然笑脸相迎，好言相劝，但是这些学生却更来劲，还不断地讲话。由于是公开课，教师也只能是边哄，边辅导其作业。有的学生干脆坐在位置上就不动笔，教师只能设法手把手地辅导其参与作业练习。

三、调皮生问题的研究分析

1. 习惯于轻视美术学科的学习意识

语文、数学、英语、科学等中考必考科目的教师由于教学任务多，压力比较大，其教学的组织管理、作业要求等都相对比较严格。而美术学科的课堂教学，在学生看来比较轻松、自由。作业都可以随便应付，甚至不做不交，你也奈何不了，即使家长知道了也不会责怪。在家长看来，美术课又不是中考必考学科，自己以前也没有学好美术，照样好好的，所以美术课可学可不学。久而久之，美术课给学生的印象就是它完全是一种放松、自由课，尤其在八年级阶段，学生更加有歧视美术课的思想认识。正是这种思想认识给了一些平时学习行为习惯本来就不太好，学习基础又较差的调皮生有乘之机。他们的行为严重影响了课堂教学。

2. 对美术教师教学组织、管理的挑战

由于美术学科在初中阶段虽然属于义务教育艺术教育课程，但不是中考科目（除美术特长生以外），美术教学过程如果教师没有严格按照常规课堂教学要求和过程有效组织、管理，那么学生逐渐会对美术课堂展开挑战，一些调皮的学生就趁机开始捣乱，有不良行为，使课堂乱起来，甚至欺负美术教师。老师要求他做美术课作业，他就不动手。面对这种情况，如果教师不能智慧地处理，甚至语、数、英成绩都不错的学生，也开始"有样学样"，开始不加理睬，做其他学科的作业。如果没有进行长期有效的规范组织管理，那么这种现象会越发严重，甚至美术课无法完成正常的教学任务。

3. 对美术教师个人魅力的挑战

在美术课教学过程中，如果美术教师教学过程经常随意性很大，甚至没有教学新意。长此以往，学生就会把美术教师当作是"透明"的，根本不会在乎美术教师的存在。相反，如果美术教师在上课过程中，经常有一些新举措，面对调皮捣蛋的学生，也有一套既严格管理，又能够发现其亮点、保持真心沟通的方法，学生就会对美术课有一种新的期盼。所以，作为一名美术教师，要想教好自己的美术学科，需要关注和提升自己的个人魅力和教学风采。

四、运用教学智慧直面应对，采取有效策略化解问题

1. 学习借鉴其他学科教师优秀的教学组织、管理经验

一些很有经验的数学、语文、英语教师的教学过程，教学环节一环扣一环，不让调皮捣蛋的学生有机可乘。在组织管理上虽然有些沉闷和压抑，但是作为初中美术课堂可以做到有的放矢，既能放得开，更能收得住。这需要教师的"智慧"教学。

2. 要宽严相济，严格要求与爱心、真诚相助的教学策略

特别是面对进入叛逆期的七、八年级的调皮捣蛋的学生更要运用些策略。例如，笔者在某次公开课决赛的教学过程中，实实在在地尝到了学生的"调皮捣蛋"的滋味。在课前，笔者为每2名学生准备有8种颜色的调色盒，在笔者布置了作业开始动手后，就有几名学生在已经打开的调色盒里，用毛笔故意把黑颜色甩到其他色彩盒里，造成其他颜色都被黑色混淆，其他学生都纷纷举手告知老师。面对学生这样的行为，笔者先是进行沟通，说明道理，以规劝为主。但是，那几个学生竟然还是不收手，不听劝告，还把旁边临近的几个调色盒颜色也给破坏了。由于当时观摩公开课的有近百名师生，所以笔者此时只能悄悄地关掉公开课教学话筒，用轻而威严的语气对这几个学生的不良行为进行了严厉的制止，尽量使其他学生的课堂作业得以继续进行。事情过后，笔者还专门与这几个调皮捣蛋的学生进行了私下交流，努力使他们体验一次真情而严肃的教育过程。

3. 教师要特别注意学会保护自己

笔者曾担任班主任期间，学校给班级配了一位年轻的副班主任。一次，在进行学科测试时，有几位成绩很好的学生向这位年轻的副班主任提出所测试的问题他们都还没有学习过，回答不了。估计是学生提问多了，副班主任很不耐烦地说"你们不会做题都去死吧"。结果这件事被学生家长知道了，他们联合起来找我投诉，甚至扬言要上告到上级主管部门。我与家长进行了及时的沟通，才平息了此事。这说明作为教师，必须注意自己的言行。

4. 对于课堂教学时调皮捣蛋的学生，要先晓之以理，后动之以情

对于调皮捣蛋的学生，在课堂教学过程中先提醒几次，如果无效，可以进行"冷处理"。等安排好作业后，就可以与其交流。也可以采取适当的阻止措

施。在采取措施后，一定要记住与这种学生进行私下沟通与交流，并指出、说明刚才教师行为的必要性，还要说一说其好的一面，更要指出他这次做得不对的地方，尽量做到晓之以理，动之以情，使其在思想上、情绪上保持健康。

5. 对待学困生，更需要教学智慧

对待在学习上确实存在困难、学习基础能力较差的学生，需要教师给予特别的关注和帮助，甚至要求教师们手把手地帮助其学习。这就需要教师们挖掘各自的教学智慧。

五、结语

无论在公开示范课，还是在常规教学过程中，无论是在名校，还是在普通学校，都会有学生出现不同程度的调皮捣蛋的现象。出现这种现象并不可怕，关键是我们美术教师要坚信，无论学生有多么的调皮捣蛋，但他们毕竟还是孩子。他们需要教师的严格规范，不厌其烦地管理与关注，运用教学智慧和策略，宽严相济，真诚相助，做好各种预案。只要直面应对，就一定有办法去化解问题，使美术课堂真正成为师生"乐于教、乐于学"的课堂。让智慧明灯，点亮的有效课堂。

参考文献

［1］金马.创新智慧论［M］.北京：中国青年出版社，1991.

［2］李臣之.教师做科研［M］.深圳：深圳海天出版社，2012.

小作业，大思维，让课堂作业更有效

——初中美术学科课堂作业有效性研究与探索

一、对美术学科课堂作业效果的调查与分析

1. 课堂作业与教学设计存在一定的差距

作为一名学科教师，无论所从事的是中学（初中）还是小学的教学工作，都希望自己所教的学科课堂教学效果基本上能到达教学设计要求，即有极少数的学生作业超过教学设计要求，有极少数的作业基本上刚刚达到基础线或偏下，大部分学生的作业处于中间范围。也就是教育工作者常说的"两头尖中间鼓"的"橄榄型"教学效果。这是每节课堂教学比较正常的学生作业效果。但是在现实的教学过程中，特别是在承受中考压力下的初中美术学科教育教学，这样的作业效果会显得更加来之不易，有时离教学设计要达成的目标还有一定的差距。

2. 不良的学习习惯导致了有限的作业时间被大量浪费

笔者经历了前10年的课程改革，积累了一些成功和失败的经验与教训，现在又进入了深化课程改革阶段，更加关注课堂教学的有效性、高效性。特别是学生作业的有效性，即教师让出更多的教的时间，给学生课堂上更多学的空间。如在设计一节课的教学时间安排上，讲授时间尽量不超过10分钟，留给学生作业练习的时间不少于25～30分钟，再加上5分钟的作业评价、总结环节，每节课满打满算，时间都会显得很紧凑。这样的教学设计，满以为教学环节、时间安排应该比较合理，再加上初中学生与小学生相比较应该在自觉性方面会有更好的控制等侥幸心理，想着学生的课堂作业效果肯定会不错，基本能够达到教学设计目标。但是，经过一段时间的教学实践，当教师布置完作业，要求学生开始作业后，只有极少数学生开始着手准备作业，而绝大多数学生还处于

思想游离状态。同时，当教师一再催促时，部分学生还左顾右盼地浪费作业时间。在接近下课时间，这些学生才开始有些状态，却只能匆匆地提交了课堂作业。久而久之，初中美术学科课堂作业完整性的概念和基本要求逐渐被中考科目的作业所取代。

二、运用小课题研究，探索解决问题的途径与方法

（一）研究、探索作业设计

1. 了解学情，调整课堂作业难度，分层设计

由于学生从小学升到初中，美术学科学习基础、学习能力不同，造成了他们对教师所布置的课堂作业的要求，在理解上存在一定的差异。因此，教师在备课时对课堂作业的设计，特别是学生平时接触不多的学科作业，要适当地降低难度。在作业完成的目标上，分基本目标、中级目标和高级目标。每一级需要学生达成的目标都有清晰的表述。这样设计，既可以使基础能力差的学生看到自己能够按照教师要求完成作业的希望，又可以让学习能力较强的学生也能够"吃得饱""吃得好"。

2. 适当调整作业纸张的大小

在日常的美术课堂作业用纸方面，以往所订购的美术学具、绘画用纸是8开或者4开大小。一般在25~28分钟的有限作业时间里，要求学生完成这样尺寸的作业，而且作业内容要符合主题要求，就是教师或者成人也很难做到现场按时完成。针对这一情况，笔者就适当调整日常的课堂作业用纸尺寸：如果主题要求2课时完成作业的，那么就使用8开或者A3纸型；假如需要在本节课内现场完成，那么适当调整为用A4纸型来完成作业，对有些学习基础特别差的学生还要适当调整作业用纸尺寸。同时，也提倡和鼓励全班学生自己准备一本类似A4纸型大小的绘画本，在平时都可以把自己喜欢的、想到的事情以图画或者图文结合的形式记录下来。这样更有助于学生对美术作业完成的重视和能力培养。

3. 培养学生作业要求与目标达成的思想意识

由于学生从幼儿园开始，经过小学，长期形成了对美术课就是"画画课"的单一思想观念：认为把形象画得像、真实就很"厉害"。加上在初中阶段，美术学科教师本身对课堂作业的具体要求，只停留在书面文字的教案上，没有具体落实在学生完成作业后是否符合本节课教学目标的检测上，看到学生作业

完成的造型合理时，往往忽视了课程教学目标，本节课的教学目标与该作业之间的关系。久而久之，给学生的课堂作业造成只要把形象画得像、画得真实，就是好作业的错误印象，严重阻碍了这些学生的课堂作业进步、能力提高和发展。因此，作为学科教师必须把每节课的作业要求，与学生课堂作业完成的效果进行相对应的评价和检测，使学生清楚自己所完成的作业的优点、存在的不足和以后努力的方向。

（二）研究、探索作业习惯的养成

1. 建立学科间作业的规范与要求的交流与沟通机制

学生在课堂作业时的种种行为习惯，非一日形成，而是长期形成的，不是单靠一个学科教师强调就可以改进的，也不是单靠学校教师能够很快调整的，而是需要家庭、学校教师共同合作逐渐纠正的。就美术学科教师而言，根据学生课堂作业的实际情况，依靠自己每节课堂教学过程，运用教学智慧，有的放矢地与班主任、不同学科的教师互相交流、沟通，协调作业规范与要求，逐步纠正、协调学生作业过程中的不良习惯，以促进各自学科有效和高效的课堂作业的生成。

2. 培养学生课堂作业的时间观念

在日常课堂教学过程的作业布置环节，当教师发出要求学生作业的信息后，学生往往对作业时间没有清楚的概念，特别是在作业之初。这种问题在美术学科课堂教学中显得更加严重。与语文、数学、英语等学科作业有清晰的作业范本，不需要自己多思考、照着所给的题目寻找答案的形式不同，美术学科的课堂作业往往要求有一定的空间想象力，让学生思维得到充分发挥。同时，学生需要认真地、静心地独立思考，然后再把这些思考表现在自己的作业画面上。这一过程需要时间，如果有些学生由于没有养成良好的作业习惯，往往左顾右盼地去做其他事情，课堂作业的有限时间很快在这种状态下被浪费掉，导致课堂作业无法正常完成。没有利用作业来复习、巩固所学知识、技能，美术课堂教学活动也就成为无效劳动。所以，笔者长期坚持美术课堂作业时，对学生提出明确的作业时间要求。

3. 突出美术学科的作业特点

初中的美术教育，特别是在八年级阶段，由于该年龄段学生的身心正经历着变化发展，学习情绪处于烦躁、不安阶段，对教师、家长的教育容易产生逆反心理。而美术课堂教学，可以借助学生在这一阶段的心理特征，正确引导其利用美术课堂，表达自己的所思所想。笔者在进行这个年段的美术课堂作业时，经常采用主题活动设计形式，并提早与班主任沟通好，允许学生带手机在专业的美术教室里上网查找学习资料。同时，教室里也为学生提供了大量的学习参考资料。这些使八年级的学生特别记得美术课的上课时间，对美术教师的引导和纪律要求，也开始特别的信任与遵守，对美术课程学习产生了浓厚的兴趣，在课堂作业有效性方面有了比较好的表现。

综上所述，经过长时期美术课堂教学作业有效性的不断探索、反复实践、不断调整，学生的作业效果有了明显进步。特别在作业习惯，作业针对性、有效性方面，与进行小课题研究探索前比较，有了较大的提高和发展。因此，把美术学科教学过程中所遇到的问题，以小课题研究的形式进行探索，能使学科教师在这一过程中得到新的锻炼，积累新的教学经验，给教师带来实实在在的解决问题的方法与信心。

参考文献

[1]第斯多惠.德国教师教育指南[M].北京：人民教育出版社，2001.

[2]广州市教育局教学研究室.中小学美术课型与教学模式研究[M].北京：新世纪出版社，2002.

笔尖上的点线——黑白钢笔画教学探索

——记七年级美术活动课程钢笔画教学研究

一、走近写实性钢笔画

写实性钢笔画是当代钢笔画家采用最多的表现手法。中国当今写实性钢笔画家经常借助摄影艺术来表现形象。钢笔画可以从摄影中学习细节的高度写实方法，从而挖掘绘画语言的表现潜力。优秀的写实性钢笔画对细节的真实描绘是具有丰富生命力的，体现了画家充满感情的追求。通过画面真实再现，观众可以感到更接近画家心灵的情感。

浙江画家徐亚华的写实性钢笔画在中国画坛独树一帜，他经过几十年的探索，总结出一套独具魅力的精细钢笔画技法。

徐亚华对中国写实性钢笔画的看法独具慧眼，并把从事写实性钢笔画当作一项神圣的事业。他认为写实性钢笔画作为一种造型艺术，可以像油画那样，重点关注对象的塑造而忽略钢笔笔触。这种看法颇有新意。其作品如《初伏》《无语》《往事》《夏至》等，写实性强，形象逼真，具有很强的视觉感染力。

在笔者看来，徐亚华的钢笔画作品主要在三个方面对传统钢笔画有所突破：

（1）深入研究写实性钢笔画，使钢笔画能表现出相当丰富的黑白灰明暗色调，把钢笔画上升到一个崭新的高度。他的钢笔画有着西方超写实主义的特征，能熟练地运用短而细的钢笔线条组合，通过线条的多次反复重叠，细致而深入地刻画每一个景物，逼真地描绘出景物的体积感、质感与空间感。

（2）开拓钢笔人物画的表现力。徐亚华的人物画超越了传统钢笔人物画的技法与观念，通过细致入微的描绘，他笔下的人物神采奕奕，形神兼备。

（3）徐亚华的钢笔画追求思想性、艺术性，每幅画都能成为独立的、完美的艺术作品。徐亚华的写实性钢笔画以朴素自然的手法展现了生活的本色。

徐亚华的钢笔画突破了传统钢笔画以插图、插画、连环画、小品等面貌出现的局面，使钢笔画在创作上得到质的飞跃，并进入纯艺术的殿堂。

二、了解象征性钢笔画

象征性钢笔画是借助对景物的描绘来寄托、隐喻某种观念，也就是运用一定的写实手法对客观事物进行象征性寓意，并把它提炼升华为艺术形象，以表达某种生活哲理，引发观者对社会人生进行思考。

这里介绍湖南画家沈波的钢笔画，她的画作意境悠远，耐人寻味。她的钢笔画作品是一种心智和悟性相结合的结果，具有理性与直觉的双重特点，既有随心所欲的挥毫，又有处心积虑的经营。她的作品在平淡中洋溢着清新的诗意，如画中斑驳的老墙、布满青藤的木屋、破旧的铁皮、幽静的古巷、青石板的老街，犹如一曲低沉的乐曲，扣人心弦，引人深思。作品《钢铁系列》将视觉放在一艘湘江边废弃船舶的零部件上，刻画了一组被铁链和铜绳缠绕的铁柱，它们孤立在岸边，斑斑铁锈似乎在诉说着昔日的辉煌。画家利用独到的构图技巧与富有力度的钢笔线条，表现了一种透气而又锐利的厚重感。画作中钢笔线条于流畅中形成独特的节奏与韵律，使冰冷的铜铁产生了一种强健的生命力，给予欣赏者更多的想象空间。沈波的钢笔画发人深思，令人回味无穷，具有强烈的象征意味。

象征性钢笔画增强了当代钢笔画的表现深度，赋予钢笔画更多的哲学内涵。

三、认识科幻性钢笔画

科幻性钢笔画作品经常吸收一些电影的叙事结构与语言，如蒙太奇、叠印等表现手法，来丰富自己的绘画语言。幻想性钢笔画画面效果强烈，内容丰富，使钢笔画语言更富有表现力，也突破了传统钢笔画较为单一的形式。

科幻性钢笔画最有代表性的是旅法画家沈北雁的作品。他的钢笔画既现代又复古，画风细腻。如画作《人生》采用了大空间的构图方式，时间跨越远古、中世纪到近现代，地域包罗东西，有法国凯旋门、埃菲尔铁塔、中国天安门、印度泰姬陵、埃及金字塔、美国自由女神像等场景，并进行时空转化，东西方文化互相交融。画面追求宏观的场景与多层次的空间感，并以散点透视与焦点透视相互交织的方法，体现出特有的黑白韵律。作品内容上采用批判现实主义的视角和超现实主义的构架，从哲学层面上传递某种暗喻及精神感知。沈北雁的画融合中西方艺术特征，创造出了神奇而又独特的大空间场景，他改变了传统钢笔点、线的普通功能，表现出了大面积的壁画式钢笔画的特点。沈北雁的画赋予钢笔画全新的视觉与精神感受。

科幻性钢笔画在钢笔画创作思想性方面注入了新的灵魂，开拓了钢笔画表现的领域。

四、感受手绘式钢笔画

手绘式钢笔画近年来发展相当快，它讲究快速表现能力，注重钢笔线条的灵活运用。钢笔画是线条的艺术，每一位钢笔画家都很注重线条的运用与组织。

浙江画家夏克梁的手绘钢笔画充分利用线条的变化来表现建筑与环境。如《山城》《安徽民居系列》等画，用快速手绘法，生动地表现了建筑与植物。画面中钢笔线条流畅，用笔变化丰富。夏克梁长年坚持在外写生，在手绘钢笔画方面，积累了丰富的经验。

手绘式黑白钢笔画比较适用于目前的中小学美术课程，或者校本课程领域的普及应用。

五、初中阶段探索手绘式钢笔画教学

（一）初中阶段美术学科教学的困惑

（1）学生进入初中美术学习，由于之前小学所学的美术基础知识和基本技能，所形成的学习思维、造型表现能力各不相同，导致学生对美术课程的学习仍停留在小学儿童画层面，或者不敢表达自己的所思所想，或者完全粗放型的阶段，影响了学生对美术学科的学习兴趣，甚至把美术课程变成做其他学科作业的课程。

（2）美术课程学习"只知其一，不知其二"。学生只知道美术课程就是画画课，不知道怎么学习。长期形成的学习习惯导致学生对美术课程的学习，只知道依照书本图形去模仿，或者只顾自己随意自由画，不清楚自己想表现什么，更不知道怎么样去表现。最后，由于绘画水平与技能没有提高，逐渐失去学习的兴趣。

（3）初中学生有艺术想象但没有表现方法，艺术创意与造型表现相脱节。

有一定美术造型基础的学生，对美术课程一直保留相当的学习兴趣。但是，由于长期养成的只会模仿学习的习惯，想自己表现又达不到水平，所以，这部分学生，虽然有造型基础，但是，因为初中其他学科的大量作业，也逐步丧失了学好造型，表现自己思想的兴趣和信心。

（4）美术教师缺乏指导学生提高造型表现能力的有效措施。学生的美术课程学习更需要有教师有效的指导。首先，在思想上，教师要明确传达出美术课程是一门艺术想象、创作表现思想的学科；其次，在方法上，要指导学生学好美术课，提高美术造型表现能力，需要有一定的学习方法；再次，这些方法通过平时教师所讲授的技法是可以掌握提高的；最后，还需要一些时间进行练习与巩固。

（二）探索黑白钢笔画教学活动与研究

（1）引导学生学会观察黑白画的造型元素、特征。先从观察、学习黑白画表现的点、线、面元素入手，引导学生学习、了解黑白画造型的基本知识及过程。讲授黑白画造型表现物象的方面，结合教材内容，开展初步的黑白画造型练习。

（2）课内外以讲座和培训的形式，教师现场示范操作，欣赏大师作品等途径，学习掌握黑白画的知识和技能。

（3）运用小视频、微课等形式，指导学生黑白画造型练习，讲授黑白画表现技能、技法，表现黑白画画面的形式感，学习练习构图知识，引导学生学习实物写生等。

（4）开展实践操作，指导学生进行黑白钢笔画造型练习。

① 前期准备——为了课题实验需要，要求每名学生都准备一本绘画本。

② 基础练习——指导学生进行初步黑白钢笔画造型练习。

图1 要求学生准备的黑白画绘画本子

③ 运用不同材质——指导学生运用不同纸质来表现写实造型效果。

图2 绘画作品

④ 稳定学生对黑白钢笔画的学习过程。选题、起稿、构图、深入造型等过程的方式方法；运用从铅笔起形，到钢笔画点、线组合造型表现等，基本形成学习指南。

⑤ 增加学习作品的重复性。钢笔画学习，特别是一幅钢笔画作品完成后，无论表现好与不好，都具有唯一性。由于在参加各级各类的竞赛活动过程中，学生们所创作的钢笔画作品，一旦参加比赛，很少会被完整地返还，导致学生辛辛苦苦创作的作品有流失现象。

为了更好地把钢笔画作品效果最大化，作为指导教师，需要积极地为学生的钢笔画作品拓展思路，即利用复印机对作品进行复印处理。这一点也是很重要的保留学生作品的途径。还可以利用不同的彩色纸，进行多种形式的复印，让学生也保留好自己创作的钢笔画作品，以鼓励他们学习钢笔画，激发他们学习的兴趣与热情。

（三）作为小课题研究实践的感受

1. 培养了学生的自我艺术感受

在初中阶段探索黑白钢笔画实践，给了学生对美术绘画类造型方法的多种选择。而且学习工具更加方便，使任何学生都可以随时随地造型。使学生的艺术感受更加敏捷，具体表现为：对自己日常学习、生活中的物体形象很敏感，经常会用水笔或者钢笔去有意或者无意地描绘，不管造型像与不像，但是都是内心的真实感受。美术课程教学过程中一旦出现美术作品，无论是何种画种，学生都会对作品进行评价，特别是在欣赏作品的过程中，更是大胆地表达自我对作品的观点。就对黑白钢笔画作品而言，制作欣赏的感受更是强烈。而在没有参与钢笔画教学班级的美术课程过程里，学生积极参与的现象很少，学生对所看到的物体，感受很呆萌。

2. 能够培养初中生的学习意志

完成一幅钢笔画，由于钢笔画工具的特点，造型表现是从最细小的点、线入手，从起稿打形，到逐步的深入，直至最后的完成，一直需要学生运用钢笔，一点、一线，一面，反反复复。需要经过几千、几万，甚至几十万次的不断观察、表现，再观察、再表现的过程，需要学生自始至终有耐力，有自我学习造型表现的意志力，才能最后完成作业。这就在无形中锻炼了学生对事物关注的细心程度，培养了他们学习的意志力，为其以后的学习发展奠定了基础。

六、结语

综上所述，钢笔画艺术，在国内已呈现出自己的发展特色，但是，钢笔画在中小学美术课程教育教学领域，特别是培养学生对钢笔画的兴趣，还没有引起重视。符合这一年龄阶段学习的课程方面，还需要一线中小学美术学科教师不断地实践探索，努力使钢笔画教学也能成为大多数人共同认可的高雅艺术。

高屋建瓴，放眼未来

——读《美国初等教育美术教师培训教材》有感

最近，笔者拜读了一本名为《美国初等教育美术教师培训教材》的书。从书名上初看这本书像是一本用于美术学科教师培训的普通教材，但实际上书中内容涵盖了美术学科的四个领域——审美、美术创作、美术评论、美术史及全方位的美术教育，介绍了开展美术创作和欣赏活动值得借鉴的经验。全书共分七章，其中与一般教师培训内容不同的是，这本书包括"美术课程计划：这些计划为初等教育课堂提供了各种规划和活动；计算机的课堂应用：第六章专注于课堂的交流技巧并且包含了网络和其他资源推荐，其中主要介绍了21世纪新技术和课程设计的方向及具体应用等方面技能；介绍了当代的美术研究和趋势（包括后现代主义）及多元文化的艺术家；学生作品：除了介绍专家和大师的作品外，还有学生作品的彩色插图；互动单元：每章结束时的练习为学生提供了反映和评论他们所学的技术的机会"等内容。这是一本为准备从事美术学科教育教学的人，或已从事美术教育工作的教师提供有效性教学的参考书。

该书作者多纳德·赫伯霍兹，早年在美国密歇根州立大学获得学士学位，在新墨西哥大学获得硕士学位。在三个州的小学和业余学校教授美术10年以后，又在宾夕法尼亚州的布卢姆斯伯格州立师范学院开始了他的大学授课生涯。然后又在加州加利福尼亚州立大学美术系执教35年，后又被美国国家美术教育协会提名为加州杰出美术教育家。

多纳德·赫伯霍兹丰富的生活、社会经历使其对美术教育教学有了更多实践经验和深刻体会。同时，《美国初等教育美术教师培训教材》更为我国目前广大中小学在职美术教育工作者在提高自己的教学水平、拓展自己的教育视野方面提供了学习、借鉴和探索的榜样和新思路。

由于该书的内容非常丰富，知识体系非常庞大，笔者在本文只就"第六章

21世纪新技术和课程设计的方向"中作者对自己教育教学过程感受比较深刻的有关内容展开思考。

新技术为美术教师敞开了独特的教育视野

多纳德·赫伯霍兹在"第六章21世纪新技术和课程设计的方向"中指出，在美国，学校美术教育使用互联网有10种方法：与世界各地教育工作者交流，与其他教师合作开展学生美术交流和联合课程项目，在国际范围内推广美术教育计划，利用网上资源支持美术教育，到博物馆网站或公共美术网站进行虚拟考察，学生之间自由交流，鼓励学生在网上向专家学习，促进学生的美术研究和自学，在网上发布学生研究和学习的计划，允许学生把网站作为创造性思维表现的媒介。在这里，多纳德·赫伯霍兹所指的应该属于信息技术（information technology）范畴。作用是指导初等教育的学生利用"学校美术教育使用互联网"开展教育活动的方法，这与我国目前的在职教师培训属同一类型。

信息技术是指运用各种理论及技术，通过对教与学过程及相关资源的设计、开发、利用、管理和评价，实现教育教学优化的理论与实践。它是能够支持信息的获取、传递、加工、存储和呈现的一类技术。其中，应用在教育领域中的信息技术主要包括电子音像技术、卫星电视广播技术、多媒体计算机技术、人工智能技术、网络通信技术、仿真技术和虚拟现实技术等。

在我国，特别是在经济相对发达地区，像多纳德·赫伯霍兹所指出的"使用互联网有10种方法"，在学校美术课堂教学中都有一定程度的运用，但运用的水平比较低。除了硬件方面的原因，美术教师掌握信息教育技术的水平偏低也是主要原因之一。目前，对于绝大多数从事中小学美术教育教学的一线教师，能够把信息教育技术（简单地理解为多媒体应用）广泛运用于日常的美术教学过程中，已经是相当了不起了。除有限地利用信息教育技术收集资料、整合学科教学以外，大多数教师仍把主要关注点集中在学科信息收集、课件设计、制作、展示过程的初级水平上。

新技术需要语言支持才能放眼未来大世界

在多纳德·赫伯霍兹的教育思想中充分体现出利用信息互联网技术"与世界各地教育工作者交流，与其他教师合作开展学生美术交流和联合课程项目，在国际范围内推广美术教育计划……"是作为21世纪美术教师应该具备的基本能力与条件之一。

但在我国,在现实的教育环境中,特别是从事美术教育教学一线的广大教师,除了现在在网络上开展QQ、博客交流、聊天、游戏甚至炒股以外,由于信息教育技术水平偏低和对其理解的误区,很少真正能够利用网络技术、信息资源优势进行学校间、地区间和区域间有效的教育项目合作活动,更谈不上利用国外发达国家的美术教育教学优秀资讯来改进和优化自己的教育信息。这一点,在我们目前的教育教学过程中,无论是何种学科都普遍存在实践的障碍。这就需要教育方面的有识之士、教师培训管理者,去探索怎样更好地提高广大教师了解世界先进教育思想的能力、水平的有效途径。

记得凤凰电视台在一期《一虎一席谈》节目中,曾就中国与印度对未来"人才培养优势"比较时,请了印度新德里大学教授谈对这个问题的看法。他指出,在印度,如果一个年轻人不懂英语,那么在其生活和工作中非常不方便,处处会遇到困难,甚至找不到工作。由于印度过去是英国殖民地,英语对印度保持长期的影响,但同时也成为印度了解西方发达国家先进思想、技术的有效途径。所以他认为,中国已经成为世界经济发展强国,特别是年轻人必须拥有这种世界性语言的交流技能。他的这种客观点评,是值得我们,特别是教育工作者反思的。

通览《美国初等教育美术教师培训教材》全书,综观其对美术教育教学的宏观和微观的诠释,虽然该书只定位在美国初等教育美术教师的培训上,但笔者认为也适合我国美术教师的培训。美术教师除了学习掌握好本国传统教育教学经典文化以外,还更应该充分利用现代迅猛发展的高科技,从世界未来教育发展的视角,去思考、评估和提高我们教师自身专业发展的能力。

因此,从现代信息和通信技术的发展趋势来看,现有的技术对我们的学习、工作和生活的影响还只是处于起始阶段。作为教师,特别是美术教师应充分注意这一发展动向;作为教师培训机构,应适时增加这方面在职教师的有效引导和培训,以跟上新技术推动美术课程与教学发展的新步伐。这也正是摆在我们每位教育工作者面前,关系到年轻教师未来发展所面临的挑战与机遇并存的形势的新问题。

探索提升教师教学能力新思路
——对"英特尔未来教育"教师培训项目的思考

"英特尔未来教育"是一个大型的国际合作性教师培训项目，它的目标是"要帮助教师发展创造性思维，从而达到让学生发挥创造力，摆脱课堂束缚的目的"，"使教师知道如何把计算机应用到他们所教的课程中去，从而增强学生的学习能力，提高学生的学业成就"。

一、让每位教师都能基于任务和项目进行自主学习

教师的学习是一种基于任务和项目的学习，建立一个单元计划，并不断修改、补充、完善，最终获得一个融入技术的可用于课堂教学的产品，每一模块都紧紧围绕一个主题，设计几项任务，要求教师去展开学习。同时，因为是每位教师自己设定学习目标（单元计划），并展开实现目标的活动，所以又明确它是一种自主学习。第一，针对面临的问题评价自己的知识状态；第二，基于上述评价信息形成学习需求，并确定满足这些需求的资源；第三，形成和执行学习计划，以满足学习需求；第四，将新学到的知识运用到问题解决中，并评价是否实现了学习目标和问题解决目标。

二、积极倡导交流、合作与资源共享

在促进教师学习时，安排结对共享和教法研讨两项活动。结对共享是通过电脑派位、扑克抽签、自由组合或其他一些方法，使教师随机或按一定规则、标准两两组合，就学习方法、内容、资源等，进行交流、切磋、帮助。教法研讨，是让教师讨论作为教师在实际的教学实践中将要或可能遇到的问题、困难等，每个教师都按严格的要求创设规范的文件夹，且设置为共享。每个教师都可以根据需要参考其他教师的学习成果，使用其他教师的支持材料及搜寻到的

资料，实现资源共享。

三、为研究性学习拓展效果

研究性学习的根本目的是让学生自己动手实践，在实践中体验，在实践中学习，在实践中获得信息时代所需要的能力。研究型学习强调让学生在学习过程中学会学习、学会合作，真正让学生的实践能力得到提高。为此，多举行"创建学生网站"和"交流学生网站范例和评价工具"等活动。在创建网站的过程中，学生列出教师创建的多媒体演示稿、网站与新闻稿，在教师的有效指导下，学习的效果不仅延伸至学生的知、情、意、行等方面，还延伸至社会。

四、构建探究求知的学习方案和学习过程

"英特尔未来教育"是一项为支持计算机技术在课堂上有效应用而设计的教师培训项目。教师在课堂上能够有效应用所学的技术和知识，把计算机作为教与学的工具有机地结合到授课、学习活动中去。强调以学为主，以用为主。

"英特尔未来教育"在教师的教与学生的学这一特定双向获得过程中，切实以学为主、以用为主，构建一组研究性学习方案。因此，需要立足于把"英特尔未来教育"中领悟的思想、方式及所追求的目标，有机地融入课堂教学之中。教师以研究性学习方式所组织的课堂教学，产生了学生研究性学习的结果。同时，"英特尔未来教育"又以全新的理念、全新的方法实施的系统培训，构成了创新与创造的研究性学习过程。通过"英特尔未来教育"的培训，学生与教师运用信息技术提供的图像、色彩、声音等视觉、听觉材料，把听觉思维、视觉思维同语言思维有机结合起来，有利于提高师生主体参与意识和主动求知精神，调动师生思考、判断和解决问题的积极性。

五、探索改变传统上课模式，丰富现代教育技术的内涵

比较传统的教法是将知识传授放在中心地位，认为学生一旦接受了教师所传授的新知识，就可以运用到实际生活中去。这种教法和手段是单向灌输，难免乏味，导致部分学生在课堂上感到枯燥，同时在结果上也收效甚微，导致教师对教学目标的理解片面，且不能主动地对教学活动产生影响。那么，作为教师可否变换一种方法，变换一下视角。如果利用"英特尔未来教育"的理论和

资源，是否可以极大地调动学生学习的积极性、主动性？通过融技术于课程，改变教师传统的上课模式，是否可以避免课堂教学枯燥？这些值得我们每位教育工作者实践探索。

六、探索新课程改革下提升教师自身核心素养的新思路

随着国家新一轮课程改革的逐渐展开深入，全面培养提升学生的核心素养已经成为新课程改革的发展目标。要培养提升学生的核心素养，首先要提升教师自身的核心素养。那么，如何把提升教师自身的核心素养体现在课堂教学过程中呢？教师除了传承、发扬和创新传统优秀的教学方法以外，更要打开思路，学习国外优秀的教育理论和研究成果。例如，"英特尔未来教育"教学模式，不但在教师培训方面有很好的实践思路，还可以把这些具体的实践经验应用于课堂教学过程中。又如，在这次新课程改革中提出，要以问题为导向，引导学生运用所学的知识技能去解决学习、生活中所遇到的实际问题，以锻炼和提高学生未来解决问题的综合能力。这与"英特尔未来教育"所倡导的"基本问题""单元问题"和"内容问题"，即"以问题为导向"的教学思维有不谋而合之处。作为一线教师，完全可以借鉴"英特尔未来教育"教育理念和做法，与新课改的核心素养教育结合起来，探索出一条具有自己教育特色的新模式。

图形·联想·创意——教学反思

——岭南版八年级15册第四单元第1课

一、研究教材、研究学情是教学准备的前提

1.本课属于"设计·应用"的学习领域

岭南版八年级15册第四单元第1课通过大量图片和文字信息，展示了图形联想和创意的基本思路，作品欣赏和练习要求的指引。而教师依据这些信息需要引导、启发学生理解和掌握图形的基本元素、表现形式、构思途径和表现方法，在激发他们的学习兴趣、热情的同时，通过课堂练习，检测学生对知识、技能的理解和掌握程度，最后达成有效的教学目标。

2. 关注学生学习成长、转折的关键期

本课教学对象是八年级的学生，这个年龄段的学生思维比较活跃，看问题往往比较片面幼稚，学习上也出现强弱两极分化现象。所以，教师在进行教学设计，特别是作业设计时必须顾及他们对学习内容不同的理解，布置作业、进行评价时需要有不同要求。

二、研究教法、学法使教学过程有效展开

1. 做好对复习课的研究

本课教学严格来说应该是复习课，因为按照八年级课程教学进度，学生已经学习了本课内容。怎样利用已经学习过的内容，重新激发学生的学习兴趣，使他们有再提升发展的空间，这就要求教师要做好研究工作。笔者就运用了跌宕起伏的音乐、视频、即兴设计等多种手法，以新的视觉、听觉，引导、启发学生积极参与学习。通过本课教学实践，基本达成了设计和预测的目标。

2. 做好对学习过程的预测研究

本课教学设计时主要考虑到：

（1）学生已经有了一次学习经验，对全体学生来说，学习内容需要有新鲜感，视觉和情感上更有一定的冲击力。

（2）提早做好对"两头尖中间宽"作业现象的预测工作：对处于"尖头"的学习认真、能力强的学生的作业预测；对处于"尾头"的学习美术没有兴趣、基础差，甚至不参与学习的学生的作业预测；对处于"中间宽"的大部分学生作业效果的预测。

3. 做好学生学习的学法研究和提供信息服务

鉴于以上预测思考，本节课就学生的学法进行了明确的引导和启发：

（1）图文对应的知识点讲授，即讲授知识概念的文字与相对应的图片相联系，使学生一目了然。

（2）教师的现场示范。清楚地解释和示范怎样由"图形"→"联想"→达到"创意"的构思、表现的过程。

（3）清晰地传递多种设计表现途径与技能，如利用自己的手形，利用植物（水果）的自然图形，利用课件提供的多种图片素材等，设法为不同能力的学生提供不同的信息资料。通过以上思路和步骤的有序展开，本课的作业效果基本上达成预测的教学目标。

三、研究高效课堂，还需给师生提供更多的实践空间

1. 教师教的时间更需紧凑、压缩

本课教的时间，在设计时比较紧凑，但在具体展开过程中还是有所延长。作为本课执教教师，必须要充分考虑到既要把知识点讲清、讲透，又要压缩时间，多留给学生一些思考的时间。怎么样采取更有效的措施来实现？这给本次教学留下了更多的思考。

2. 学生学的实践过程更需合理、充足的时间支撑

美术练习除极个别学生有艺术天分以外，绝大部分学生对美术学习还是需要时间感悟的，作业过程更需要时间支撑。本节课学生作业时间原计划是25分钟，但是由于其他原因，最后只有21分钟，这样明显影响了学生作业完成的效果。

3. 结课与拓展设计要有"画龙点睛"之功力

（1）结课要稳得住、收得拢。由于学生的作业已进入铺开状态，想要求学生马上停下来有一定困难，本次教学在这一环节只能采用点小组"收停法"，即点小组里还有没有停笔的学生。同时，结课语言还需要简明扼要，与主题、作业要求前后呼应。

（2）拓展要创意新、放得开。本教学的课后拓展环节引用了日常生活中最常见的鞋子、衣服等不同的创意设计，设法把学生的思绪引向课后新的、可持续的学习意境。但到底效果如何，无法在本次教学环节得到检测，所以，还需在日常教学过程中去检验。

参加复赛的课堂教学结束了，但留给执教教师的思考远没有结束。要真正做到常规教学过程都有这样的效果，需要教师的不断反思与总结，而且更需要进行长期的实践与探索，使每节教学活动真正实现高效课堂。

肌理与应用——教案设计

——岭南版美术七年级下册第三单元"源于自然的启示"

一、教材分析

（1）本课是对美术特有语言——肌理的认识了解，通过多种形式、方法引导学生体验、运用和表现人造肌理的学习过程，是"造型·表现"与"设计·应用"紧密结合的学习领域。

（2）本课通过教学引导，试图让学生在观察、分析和探索与应用、制作的美术活动过程中，了解材质、肌理等美术语言和形式美的特点，学习、提高利用自然肌理，美化人工肌理来丰富美术作品的造型表现能力。

（3）本课的重点在于设计与应用肌理语言来表达主题思想，所以，教师在引领学生学习的过程中，要就有重点地选择表现肌理的方法和发挥主题创想等方面进行示范与讲解。

二、学情分析

（1）七年级学生在经过近一学期的美术学习后，对美术的造型表现，点、线、面和色的设计应用有了不同程度的学习基础，但对美术肌理表现语言的知识了解得比较狭窄，本课教学就是试图拓宽学生的学习视野。

（2）处于七年级下学期的学生，在身心发展的同时，对学习活动有了更多的需求，对美术学习形式、过程的新鲜感更加强烈。本课的教学活动正符合了学生的这一心理发展需求。

三、学习效果预测

1. 教学亮点的效果预测

在导入环节，笔者事先设计准备了三类代表不同肌理（自然的、人造的和自然+人造的）代表不同肌理的物体让学生伸手摸一摸。这样设计就能引起学生对于肌理学习的极大兴趣，使学生体会不同肌理给他们带来的不同感受。这能够快速引领学生们进入学习情境，为下一个教学环节做了铺垫。这样设计，在实践中达到了预测的教学效果。

2. 对学习作业的预测

有一部分学生能够比较快速地进行作业操作，而且能够设计应用人造肌理表现自我主题思想。但是画面组织和构成会有些单调，缺乏节奏感。在作业辅导过程中需要及时指导。

大部分学生作业效果还是主题思想不太突出，只是为拓印而印，没有把自己想表达的主题思想，通过不同材料、图形来强化造型。教师在示范时，需要进行特别提示并讲解清楚。

3. 辅导工作的效果预测

会有一少部分学生没有目的地去做作业，教师在布置作业时需要有层次性，甚至需要手把手地为这些学生再示范，对学生的学习起到复习、巩固的促进作用，这样，这部分学生最后也能完成作业。

总之，期望学生完成的作业能呈现一个好效果，教师在辅导过程中就需要抓好"中间大部分"和"后面少部分"的作业指导工作。

四、教学目标

1. 知识与技能

引导学生初步认识、了解美术语言——肌理的基础知识，掌握表现人造肌理的基础技能技法。

2. 过程与方法

引领学生通过触摸认识、了解肌理的基本特征，并运用工具、材料，初步认识掌握表现人造肌理的技法和活动过程。

3. 情感、态度和价值观

启迪学生观察、思考、分析问题，使学生养成积极参与学习的良好习惯；培养其认真、细心的学习心态，强化 对艺术表现的感受。

五、教学重难点和解决的思路

1. 重点

借鉴人造肌理的方法，独立设计、制作一幅富有主题的肌理美术作品。

2. 难点

能否控制、应用肌理来表现设计主题。

3. 解决的思路

（1）针对重点：教师选用两种肌理表现法，加强直观的演示、要点提醒和辅导过程的直观方法。

（2）针对难点：教师示范，如调色时对水的比例的控制，对肌理形象展开以"形"想象的启发与应用。

（3）对优秀肌理作品的借鉴与学习等。

六、教学准备

1. 教师

教材、教学课件，学生的学习材料、工具等。

2. 学生

教科书、其他学习用具等。

3. 教学模式设计

直观感受学习模式——触摸、观察、感受、体验，自主学习模式——目标定向、独立操作、小组交流、师生评议等。教法设计：讲授引导、直观示范、现场辅导，学法设计：触摸感受、观察示范、应用体验、评价交流。

七、教学过程

教学程序	教师活动	学生活动	媒体运用
一、 课题导入： （2分钟）	情境导入 （1）请几名学生摸一摸、猜一猜，说一说摸到的是什么物体。 （2）教师提问、引导，凭什么依据能够判断出是某物体？ （3）教师简要归纳，引入主题并板书	参与学生表述感受，其他学生观察听讲，逐渐进入学习情境	播放课件，展示本课学习主题
二、 课堂展开： （11分钟）	1.学习与分析 （1）浏览课文。引导学生快速阅览课文，重点关注"欣赏与探索"和"表现与创造"栏目内容。 （2）讲授概念。先请几名学生上台，尝试印制步骤、图形效果；接着，教师展示课件，结合学生现场印制过程，介绍肌理的概念肌理的基本分类——自然肌理、人造肌理，肌理中对点、线、面、色的综合运用，欣赏人造肌理的美术设计作品等。 2.探索与体验 （1）了解肌理表现的方法：抗水法、吸附法、拓印法。引导学生浏览课本学习。 （2）重点讲授、示范拓印法。教师介绍肌理拓印法的材料、工具的运用，对点、线、面、色的方法过程和技能的要求；提示在运用颜色拓印时，对水的比例的控制与掌握问题，并结合刚才学生的印制过程所出现的问题进行讲授。 （3）突出创作主题与应用。在主体拓印完成后，围绕主题还需要对作业情景展开形象的想象，再进行细部的加工处理等，最后完成一幅有独特肌理效果和主题的美术肌理作品	（1）学生阅览课本21~23页内容，重点关注老师所提示的有关学习栏目。 （2）聆听老师的新课讲授内容。 （3）观察教师的拓印制作步骤、方法和要求等	（1）利用课件强化对肌理知识的理解；图片的展示，帮助学生拓展教材以外的知识。 （2）运用课件检测和评估教学目标等

教学程序	教师活动	学生活动	媒体运用
三、 课题练习 （25分钟）	（1）操作与运用。教师板书作业要求，引导学生学习借鉴肌理作品，独立设计制作一幅有肌理效果的作品。教师巡视，重点辅导能力比较弱的学生启发其学习感受。 （2）评价与结课。选择几幅不同主题或者存在问题的代表作业，先请学生观察，对照本课教学目标、要求，检测完成作业情况；教师点评优点和不足，引导改进的方向	（1）根据课堂进展，理解老师对作业的要求，利用老师所提供的学习工具、材料等，开始准备、思考和设计作业。 （2）学习过程中出现问题时进行咨询和获得帮助等。 （3）评价时用自己的语言来表述感受	（1）利用课件强化对肌理知识的理解；图片的展示，帮助学生拓展教材以外的知识。 （2）运用课件检测和评估教学目标等
四、 课题拓展 （2分钟）	教师现场快速演示怎么样运用对印方法来进行肌理表现，引导学生课后利用网络继续学习探讨	学生还能够观察到表现肌理效果的其他形式和方法	教师引导学生课外学习途径

八、教学反思

1. 对教学设计整体效果的反思

　　教学设计能够体现教师的教学思想。教学思想决定着教学实践和教学效果的优劣。本课教学是立足于日常课堂教学，但又需要高于日常课堂教学效果的一节公开展示课，所以，在进行教学设计时，更需要考虑到不同环境、不同学校班级学生的现有学习状况等方方面面的变化因素。本节教学设计，从教学设计的预测效果与教学后的实际效果来比较，除最后的作业效果没有达到预期效果外，整体来说，基本达成了教学设计目标。

　　无论从课堂开始"让学生亲自触摸不同物体的不同肌理，激发他们对肌理学习的兴趣"，还是"让几名学生上台亲身体验印制方法、过程的学习"，到"大家各自体会实践操作，获得最后效果"，都体现出这样一种教学思想：教学不以灌输知识为重，而是注重学生学习自我感受、能力的培养，特别是着眼于学生发现问题、探究问题到解决问题，运用综合知识进行实践，这也是当前素质教育、课程改革、美术课程标准所倡导的，是新的教学理念在教育教学中的具体实践。因而，本次"智慧杯"高效课堂教学比武活动，对当前的中小学美术教学更具有现实的可操作性的意义，值得借鉴。

2. 对教学过程教学方法和作业效果的反思

教育理念决定着教学过程与方法，而教学过程与方法只有适应先进的教学思想的要求，才能体现科学性、高效性。当笔者接到本次决赛教学主题时，感受到要上出高效课堂有一定的难度。

其一，教学前不能了解学生的现有学习状况。也就是说，笔者在自己学校班级的学生都能够有好的作业效果，但是在另外学校的班级的学生不一定认同和习惯自己的教学过程与方法；其二，本课是一节美术课程标准里的"设计·应用"学习课，需要为每个学生准备一份能够进行设计表现的材料、工具，而且有60名学生参与本节课学习，无疑增加了执教老师准备的难度；其三，在这次"智慧杯"高效课堂教学比武活动中以现场最后作业效果作为本次评价的主要指标之一。也就是说，要上好本节课，无论教学设计得多么理想，教师的教学展示多么精彩，最后必须以学生所完成的作业效果来衡量教学效果。因此，教师在教学设计时不但要做好预测，而且更要设计实施过程。要把握时间、掌握学习重难点，使学生能够在最短，最有限的学习过程中完成学习任务，达到教学设计理想的作业效果。这对于每个执教教师都是一次教学挑战。

笔者感觉到本节课学生作业的完成情况，没有达到教学设计预测的效果。其主要原因还是教师讲授的时间多了，而留给学生的学习体验、操作的时间少了，最后导致学生的作业还没有完成，就到了下课时间。这在以后的课堂教学里还需要认真思考、探究和改正。

3. 对教学评价、结课的反思

教学评价、结课的教学环节设计是体现教育思想、教学方法的综合体系，是教师教学思想的延续和检测。在本节课堂教学的评价环节，按照设计，试请几名学生上台进行自我作业评价和对其他同学作业进行点评。但在进入到该环节时，由于学生与老师还存在不太熟悉的情况，七年级学生自身的害羞心理，使他们不愿主动表述。再加上周围的环境等因素的影响，最后的作业评价没有得到多数学生积极的反应。结果，教师只能选择不同层次作业，作为点评的形式来开展作业评价。

对于结课环节，虽然笔者进行本课的教与学的整体教学评价，但是，如果有学生在教师的引领下能够积极开展自我评价和学习总结，这样，高效课堂的主题就会更加突出、完美。

综上所述，这次"智慧杯"高效课堂比武活动，使笔者对美术学科的课堂教学又有了更深刻的认识，留下了更多值得自己继续学习、总结和探究反思的空间。相信自己会为罗湖的美术教育发展做出更大贡献！

七年级、八年级钢笔画教学实践探究课程

【课程主题】

笔尖上的点、线——七年级、八年级钢笔画教学实践探究课程。

【课程设计理念】

（1）以美术学科素养的学习为目标，引领学生通过图像、识读等获得美术知识，联系现实生活获得实践能力，使学生在学习过程中培养美术学科核心素养，促进全面发展。

（2）以问题情境创设、项目探究学习为形式，加强美术学科基础性知识与能力的过程方法引导，通过课堂内外教学和网络自学等，使学生逐渐积累起美术学科基础造型能力，为学生未来提供多方位的学习发展途径。

【课程设计目标】

（1）让每位初中学生学会钢笔绘画工具的使用方法；认识、了解和使用自己平时方便获得的工具，进行简单的美术绘画学习。

（2）学习、掌握钢笔工具基本造型的过程、技能，表达自己的思想情感。

（3）培养学生细心、耐心、有恒心的品质，使学生学习知识、能力迁移的方法，为学生未来的学习发展，提供美术学科核心素养培养方案。

课程特色	学习系列	基本问题	组织形式	教学时段
必修	学习项目之一：认识钢笔画，钢笔画材料、工具等。 学习项目之二：钢笔画造型过程、方法，钢笔（或水笔）画作品鉴赏	问题导向一：钢笔工具为什么能够绘画造型？ 问题导向二：如何去鉴赏钢笔画作品？对自己的学习有何帮助？ 问题导向三：钢笔工具是如何进行造型创作的？钢笔画是否可以有色彩？	以班级课堂集体教学，以活动课形式组织教学	在七年级第一、二学期开始教学
选择性必修	学习项目之三：了解钢笔画的发展历史，中外钢笔画作品分析比较等。 学习项目之四：钢笔画淡彩造型过程、方法，钢笔画淡彩作品鉴赏	问题导向四：钢笔画淡彩是如何绘制表现的？	以班级课堂集体教学，以活动课形式组织教学	在七年级第一、二学期开始教学

【课程设计内容】

本课程学习内容由学习基础问题、学习鉴赏问题和学习创作问题三个部分组成。

一、学习基本问题：钢笔工具为什么能够进行绘画造型？

（1）认识日常生活、学习中最常用的钢笔工具，认识钢笔画用纸材料、碳素墨水、钢笔针笔等工具，了解钢笔画的一般技法和表现题材等。

（2）学习认识钢笔画的作品形式、题材。

（3）了解钢笔画创作的基本过程，学习钢笔画作品审美构成的点、线、面造型元素和形式原理，并用于分析、理解和解释美术作品。

（3）学会1～2种美术鉴赏方法，掌握1～2种钢笔画造型表现技法。

二、学习鉴赏问题：如何去鉴赏钢笔画作品，对自身创作有何帮助？

（1）了解、学习钢笔画的起源、定义、特点和发展历史。

（2）创设问题情境，鉴赏中外钢笔画作品。

（3）运用分析法比较中外钢笔画在材料、技法、语言风格和创作观念等方面的异同点。

（4）学习模仿与借鉴。

三、学习创作问题：钢笔工具、材料是如何进行造型创作的？

（一）抽象形+写实形

（1）分层教学法设计。针对没有造型基础者的教学：提供学习材料——学案，运用钢笔模仿或临摹作品，先简单地自主练习；画出自己能力范围内的抽象或半具象的形象。针对有基础的学习者的教学：提供学习材料，以设置学习项目为学习任务，如画出几片空中飘着的树叶，由简单的点、线组织的形象造型等。针对有一定造型基础者的教学：可参考学习材料，也可自主选择学习项目，运用钢笔画知识、方法，自主学习。

（2）学习、掌握钢笔画造型过程、基本方法。以项目学习为目标，通过学习钢笔画对象形象中的点、线的技能，重新组织造型，能够掌握简单的钢笔工具的轻重、疏密和黑、白、灰变化层次。

（二）写生形+创作

（1）以美术课组织学生写生为学习练习项目，以小组为学习形式，开展钢笔画写生活动，如学校、家庭植物，日常生活中的小玩具、静物等写生练习。

（2）开展写生+图片学习项目练习，引导学生再次深入开展钢笔画丰富层次的实践锻炼。

（3）学习钢笔画"十淡彩"项目。认识、了解在钢笔画勾线基础上"十淡彩"的过程、方法和步骤，学习掌握钢笔画淡彩的创作过程与技能。

八年级第一学期学生钢笔画教学实践课例

——以"清香满校园"钢笔画教学为例

一、课例分析

（1）根据"笔尖上的点线——七年级、八年级学生钢笔画教学课程"活动主题，结合学校开展的"美丽校园从我做起""爱护校园一花一草"活动项目，联系八年级明暗造型教学实际情况，以校园内植物花卉为写生基础，布置拍摄收集的图片资料，引导学生利用2~3课时时间完成一幅钢笔画花卉造型作品。

（2）材料运用上，以方便携带、方便描绘表现为基础，以微观为表现切入点，根据八年级学生的现有造型表现能力，指导学生以2人（或4人）为小组各自完成一幅黑白作品，再以2幅（或4幅）的组织形式，组合成一幅表现"绿色清香满校园"的主题作品。

二、课例目标

（1）通过描绘校园里的"一花一草"，培养学生关注、热爱自己的校园及社区的思想情感。

（2）通过观察学校花园里的各种植物花卉的形与姿，选择各自喜欢的花卉进行写生与创作，锻炼和提高学生的黑白画造型能力。

三、课例教学重点、难点

（1）教学重点。以写生为基础，创作一幅具有黑、白、灰钢笔画特征的花卉作品，并以2（4）幅A4纸大小，组合成一幅整体的组画。

（2）辅导难点。学生创作过程的构图，处理好整体中突出主题与深入局部细节的表现关系。

四、课前准备

（1）教师课前准备。工具、材料准备：钢笔若干支、碳素墨水10瓶，白色、有色A4纸若干，写生三厘板每人一块等。

（2）学生课前准备。自备钢笔和墨水，建议有条件的学生，可以准备自己喜欢的纸张材料和写生画板。

五、教学过程

（一）视频导入（利用课间还未上课时间，提前几分钟播放）

（1）复习、观看钢笔画写实从起笔、主题描绘到基本完成的过程、方法。

（2）教师简要总结本课需要完成的学习任务：完成主体形象的勾线，简单画出（或者标注出）形象的明暗部分，为课后深入细化做好铺垫。

（二）写生实践（教师提前选择好班级附近的植物写生地点）

（1）运用"四步法"指导写生过程。在引领其尽快选择好描绘对象的基础上，明确钢笔画写生的基本步骤（实际上学生在七年级已经熟悉和掌握）。

第一步：用钢笔轻轻地利用小点、线进行大概轮廓线的简单勾线。尽量不提倡学生先以铅笔勾线起稿。

第二步：从最前面的近景向四周扩展。提示学生注意构图。从最前面的近景开始起笔，逐步到中景，远景不要画得太清楚，要有虚实感，并标注出有明暗阴影的地方。

第三步：教师提示短线条排线方法，从斜短线、交叉网格状的技法，再逐渐加深造型。一般来说，需要强调整体造型意识，加深学生对绘画创作过程的认识、理解和掌握，逐渐形成自我风格，完成一幅黑白水笔画。

第四步：整体画面调整，对画面需要细致完善的地方，进行逐渐的整理，直到整幅画面看上去完整，视觉效果较好为止。

（2）学生根据要求开始自主进行写生练习，教师巡视管理指导。

（三）组合多元评价

（1）以2人（或4人）为小组进行写生作业拼排组合，并互相比较开展简评，提出意见。

（2）教师对写生作业进行整体评价，提出课后整体完成建议。

（3）以小组为单位，在学校橱窗进行作业展示。

学生作品如图1、图2所示。

图1　学生运用最简便的工具设计"写生+创作"的作品

图2　学生"写生+创作"而成的组画

六、课例教学后记

（1）采用"写生+创作"的方式比较适合八年级学生的学习。在这一活动过程中，重点是辅导学生如何快速、有效地学会观察。通过近距离的观察，把观察到的形象，用钢笔来表现；要有分层引导，可以有写实、半写实、半抽象变形的造型方法。鼓励基础差些的学生积极参与，增强他们的学习信心。

（2）引导学生课堂、课后多练习，学习一些点、线、面的构成形式、原理，在绘画的纸张材料上可以做多种尝试，表现自己所看到的形象，而不需要一定按要求写生，这样就不会与其他人有相似的造型。

七、作业评价量规

下表为八年级学生钢笔画作业自主评价量规表（见表1）。

表1 八年级学生钢笔画作业自主评价量规表

单项指标	评分标准			得分
	A（8~10分）	B（5~8分）	C（0~5分）	
整体效果	（1）作业整体效果能表现本课的主题。 （2）构思描绘有细节、有创意。 （3）有黑、白、灰层次。 （4）能够表现作者的主观想法	（1）作业图形缺乏整体性。 （2）能表现本课的主题。 （3）构思描绘也有点细节。 （4）表现作者的主观想法不明显	（1）没有表现本课的主题。 （2）作业图形没有整体性。 （3）图形描绘没有细节。 （4）没有作者的主观想法。 （5）作业没有完成	
钢笔画特征体现	（1）所描绘的图形，通过几何点、线有秩序地组合、排列。 （2）重新描绘对象的整体。 （3）画面给人一种视觉上的美感	（1）所描绘的图形，有点、线的组合、排列。 （2）被描绘的对象，有钢笔画的一些表现技法。 （3）画面也有造型上的基本表现	（1）所描绘的图形只有简单的勾线。 （2）没有点、线的组合、排列。 （3）被描绘对象，缺乏钢笔画的表现技法。 （4）画面内容比较空洞	

单项指标		评分标准			得分
		A（8~10分）	B（5~8分）	C（0~5分）	
所学知识的运用情况		（1）能综合运用构图。 （2）图形表现有取舍。 （3）点、线和画面的适当处理。 （4）有一定的前后空间关系	（1）能综合运用构图。 （2）点、线和画面的适当处理。 （3）所描绘图形有一点前后空间关系	（1）没有构图设计。 （2）描绘点、线和画面没有适当组织。 （3）所描绘图形没有前后空间关系	
学习过程	自主	（1）学习过程认真。 （2）细心观察、描绘。 （3）课后还坚持完成	（1）学习过程基本认真。 （2）能够观察、描绘。 （3）课后还完成作业	（1）学习不太认真。 （2）没有细心观察、描绘。 （3）课后有坚持，但没有完成	
	合作评价	（1）与同伴有评价、交流。 （2）作业完成后有商量，一起合作展示	（1）与同伴也有评价、交流。 （2）作业完成后没有商量，有合作展示	（1）与同伴没有交流。 （2）作业没有完成，没有合作一起展示	
总得分					

美育人者先自育

——以工作室为平台探索美术教师教科研团队发展新途径

一、以"自发式""草根式"的组织形式，探索基层美术教师队伍的教研模式

典型案例：引领基层片区美术教师教研行动研究

1. 案例背景：教研员引领下的"自发式""草根式"的教研组织形式

时光回放到课改初期的教研阶段。笔者当时所在的罗湖区北斗小学属于黄贝片区，在当时教研中心陈勇教研员的带领下，成立了教研中心小组。要求各中心组成员，以自己学校为点，定期组织所在片区的学校（主要是以小学为主）在课程改革背景下有计划地开展课堂教学教研活动。

2. 案例过程：探索课改初期的教研形式

根据这一要求，由笔者和当时碧波小学美术科组长陈严老师一起承担起黄贝片区小学组美术科组教师教研活动的任务，试图以此来加强本片区小学美术教师课堂教学和科研能力。

当时，黄贝片区有北斗小学、碧波小学、怡景小学、景贝小学、新秀小学、向西小学、婧轩小学、罗芳小学、莲塘小学、莲南小学和港人子弟学校、鹏兴学校（后两所为民办学校）共12所学校。美术教师有近40人。除每学期区教研中心计划工作外，另外的一些教研项目，完全是由我们两位中心小组负责人自发、自愿承担的。我们义务地承担起教研活动的策划与组织工作。活动时间都是按照当时要求在周五上午进行的。片区的教研活动，每个学期一般需要计划组织2~3次。内容主要是交流和研讨项目，如在片区内开展美术教师板书设计、示范画现场比赛，美术教师说课比赛，小学组美术教师黑白版画、套色版画等现场演示特色项目。没有开展课堂教学现场观摩类的教研活动。

3. 案例问题：完全的个人"自觉"意识所为

在当时黄贝片区教研活动中，几乎没有开展课堂教学活动。其主要原因是当时的区级教研中心对美术学科以这样"自发式"或完全"草根式"的教研形式不重视，更没有任何的"红头"文件通知。如果需要开展现场课堂教学观摩教研活动，就必须经过学校领导的同意，而且还需要学校后勤的跟进等。在当时，我们两位活动组织人都属于"无名、无权、无经费"的"三无"人员，所以，只能做些自己学科内能够组织实行的简单教研活动。在当时的环境下，组织本片区学校开展互相交流学习的教研活动，开启了探索美术学科教师教研队伍建设的初期教研模式。

4. 案例启示：为基层美术教师队伍建设，探索教研模式

（1）帮助片区内美术学科教师之间实现了互相学习交流。每个学期，尽管教研活动开展得不是很多，但是，通过组织美术教师进行这种教研活动，冲破了当时美术教师"两耳不闻窗外事"的狭隘思想，方便了教师之间互相学习、交流，提高了当时黄贝片区美术学科教师参加集体教研活动的思想认识，对本片区小学美术学科教师教研队伍建设起到了积极的推动作用。

（2）为教研部门落实美术学科教科研工作分担了任务。在课改初期，由于市、区教科院教研员时间、精力有限，所以对基层学校工作照顾不到，更需要有一批基层的教研中心成员组织不同形式的基层教研活动，这样显得更为"接地气"。以罗湖中小学校为例，虽然与其他几所学校同在罗湖区内，但互相交流严重不足。通过这些有针对性的教研活动，互相"走动"多了，在思想上多了一份"亲近"。这给当时的美术教研工作增添了一份期盼参与的美好愿景。同时，也为市、区教研部门，落实基层与上层教研项目，起到了上下沟通的推动作用。

二、以工作室为平台，为打造美术学科教科研队伍，探索多元化途径

典型案例：为青年教师立足课堂，"指南"引航

1. 案例研究背景：工作室规范机制下的教科研组织形式

（1）有明确的工作室教师队伍建设发展思路。以"科研促进学科教学，科研发展美术教育特色"为主旨，以"促进教师专业能力发展，努力建设一支师

德正、业务强、有活力的工作室团队"为目标。

图1　深圳市翁宏国名师工作室在龙华区上芬小学举行教研活动后集体合影

（2）研究背景。作为承担着培养青年教师成长任务的市级名师工作室，做好课堂教学的展示课、公开课和常规课工作，提升课堂教学质量，是工作室的任务之一。但在工作室成立之初，当成员们听说要上展示课时，青年学员、跟岗教师，甚至是中老年教师，都有一种犯难情绪和畏惧心理。尽管教师每天、每周都在上美术课，不需要被评论。但要承担教学公开课意味着学校领导，各校的同行，甚至区、市教研员，都会现场听课观摩。教师的心理都有一定的压力。为此，工作室面对大家这样的心理"负担"，计划制订了解决这一问题的行动研究方案。

（3）研究方案。

① 制订计划。为了让工作室成员尽快解决上示范课、公开课的困惑，根据中小学美术学科课堂教学特点，工作室成员初步制订课堂教学活动计划：每个月进行不少于两次的展示课，分别在小学组和初中组进行。每次上两节展示课，进行互相比较，留一节研讨课的时间，根据观摩实况，开展研讨，逐一对各环节进行讨论，指出存在的优缺点并做好记录。

② 确定实施步骤。组织大家先学习观摩优秀课例，对优秀课例的结构化教学过程有初步认识和了解，为下一步展示课提供研讨铺垫。提前准备，请主持人或核心组成员也进行一节现场示范课，为工作室全体成员积极参与展示

课、公开课提供研讨参考。

③ 专人负责整理成"指南"。运用大数据记录研讨实况，有计划地边教研，边记录整理教学过程，开始制订适合一线教师课堂教学的行动操作"指南"。

（4）行动研究。

① 先观摩，后示范。为了给青年教师提供一个直观展示的样式，减轻他们上公开课的心理压力，工作室主持人引领大家先观摩荣获全国中小学美术课堂教学大奖的公开展示课录像资料。边观摩，边分析其中的重难点环节，厘清其设计思路。如分析在"导入环节"所展示的小视频、图片与授课过程的知识点、作业的评价和拓展之间的关系；分析教学过程中教授的节奏与对学生学习的收、放把握的关系等。而后，主持人或核心组人员也为大家进行一节类似的展示课，从具体的"导入、新授、练习和结课"教学过程进行探讨分析。

② 先校内，后校外。在开展了几次课堂教学教研活动后，要求和协助青年教师先从小范围的校内学科组开始进行展示课，让自己学校的学科组教师提建议，再做修改，努力在下一次的工作室活动中进行再展示。经过这样不断的修改，多次的"磨炼"，反复的实践，为下一步形成可以参考的教学行动操作"指南"，积累了实践经验。

2. 案例研究过程：以工作室为平台，探索深化课堂教研新途径

（1）为中青年教师引路，制订课堂教学行动"指南"，即开展"四段6~8环节"课堂教学行动研究：明确结构化课堂教学过程（①分设"四段"，即导入、新授、练习、结课；②清楚环节："6~8环节"，即每个段都要有相应的环节跟进）。

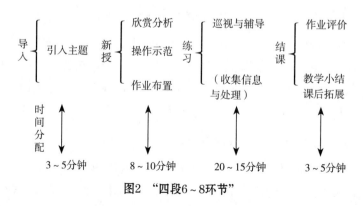

图2 "四段6~8环节"

（2）探索与落实"四段6～8环节"实践研究过程。

① 导课阶段（3～5分钟）

目的：此环节属于教与学"预热、引起"阶段，教师根据中小学美术学科特点，引领学生进入教与学的氛围。

形式：依据教学主题，设计各自导课方法。中学、小学高年段美术课可以是小视频导入法、直接引入法等，而小学低年段则可以运用故事法、角色表演法、猜谜语法、变魔术法等。是一步到位，还是分二、三步，均根据教学主题需要而定。

注意问题：无论运用何种导入方法，都不能忘记本环节只是为引入主题服务，且应该具有美术学科特色。切忌拐弯抹角，浪费时间，自然过渡到下一环节。时间一般控制在2～3分钟。

② 新授阶段（8～10分钟）

目的：落实教学目标、任务。

形式：一般需要有多个小环节支撑。如主题教学需进行与主题相对应的美术作品欣赏与分析，美术教师示范环节的现场操作——师生互动，作业布置与要求等环节。是小组合作探究、师生互助，还是独立完成，由教师，依据目标设计而定。但要把握好具体的时间，这一过程总时间尽量不要超过10分钟。从导入、新授，到学生作业前，总时间尽量控制在15分钟以内。

注意问题：导入环节是解决如何自然、有趣地引导学生进入学习情境，产生学习兴趣的问题；新授阶段是解决怎样更具体、更有效、更高效地落实所设计教学内容，提出清晰的作业要求的问题。

③ 作业阶段（可以是分段、分步作业，总时间20～25分钟）

目的：引领学生实践，检查教师所教知识技能被学生理解、消化的程度，体验各自的所思所想和所获。

形式：本环节所需时间最长，也可以分段、分步来解决不同的作业要求。同时，需要更有效地管理。教师在此阶段的主要任务是巡视全体学生学习情境，重点辅导、管控、处理作业过程所发生的情况。

注意问题：主要考虑三点，即其一，学生作业完成时间会有拖拉现象，提前做好预测；其二，在时间安排上，任课教师要合理分配，尽量为后面的结课环节留出时间；其三，想办法处理好在有限的时间里，辅导学生作业的有效性问题，使学生的作业不偏离教学主题，发挥其主观创意。

建议方法：一般考虑有两种方法。第一种，在巡视学生作业时中，关注、了解学生是否理解作业主题，了解他们的造型能力等情况。第二种，关注大部分学生作业，尤其是学困生、不做作业的学生的情况，同时，注意收集不同层次的作业，为进行下个环节做好准备。

④结课阶段（3~5分钟）

目的：这个环节主要解决对学生作业完成情况的评价及课后自然延伸的问题。

形式：本环节可以先学生单个评价，再进行小组合作评价。然后教师对本节课整体教学情况有个小结，对学生不同层次作业进行点评，最后进行课后教学拓展。

注意问题：结课的目的不清楚，对学生作业普遍存在的问题没有评价到位；需要提出改正、提高的建议；课后拓展部分，需要与教学主题、整体内容前后呼应；更需要从文化艺术层面，结合主题来提升学习的意义。

3. 案例成效：探索"指南"基础上的教研新形式

（1）"指南"激励和唤醒教师。德国著名的教育家第斯多惠指出，"教学的艺术不在于传授本领，而是善于激励唤醒和鼓舞"。经过工作室成员反复实践提炼的课堂教学"指南"，让教师对展示课、公开课有了基本"范本"，心理有了底气。以前的犯难、困惑心态开始有所改观，从"看别人、听别人，到被别人看"磨炼体验，逐渐熟悉、掌握了一套中小学美术课堂结构化教学模式。"指南"引领、激励和鼓舞着教师积极参与、勇于实践探索的热情和信心。

（2）"指南"提升自信。随着工作室平台每月的展示课、公开课"研课、磨课"的不断深化，年轻教师积极参与各自学校教学竞赛活动的热情与自信，开始在结构化"四段6~8环节"课堂教学过程中被激发出来。他们先后为区、市中小学美术学科教研活动，提供了示范课、公开展示课，受到上级教研部门领导的赞赏与肯定，并取得了市、区教学公开课的好成绩。这也使"指南"成为美术学科工作室教学的特色之一。

（3）以"指南"拓展课题研究。在研究"指南"到课题研究初期，指导教师先从自己所熟悉的小课题研究入手，以问题为导向，不定期地举行小课题研究交流活动。例如，工作室近几年所开展并已经结题的"提高中小学美术课堂作业有效性的行动研究""中小学美术学科课堂作业评价研究""中小学美术学科提高课堂教学高效性策略研究"项目，锻炼了教师除课堂教学能力外，集教科研为一体的综合能力。目前，工作室全体成员正在研究的市级重点资助课题"中小学美术微课可视化教学设计与应用研究"，正是工作室成员借学科组之间的优势，指导，组织开展研究工作的具体案例实践。

图3　举行深圳市教科研"十三五"重点资助课题论证报告会

（4）教研队伍建设的再辐射。鼓励工作室成员，积极创建具有个人教学特色的工作室，如桂园中学谢秋玲老师的衍纸画工作室，华丽小学陈镇铖老师的黑白画工作室，龙华区上芬小学贺剑辉老师的名师工作室、孔德喜老师的水墨画工作室，龙岗区石芽岭学校黄伟玲老师的景泰蓝工作室等。同时，还以各自的特色项目，积极参与与美术学科相联系的专业队伍的建设。例如，深圳市好课程建设、深圳市教师专业发展继续教育优势学科、基地学校的课程开发项目建设等。由名师工作室带动、引领，再扩展到分工作室的教科研项目的再发展。

4. 案例启示：有规范的教研平台，为培养、建设美术教师队伍，提供机遇与保障

（1）立足教研，提升教育科研理念。著名教育家叶圣陶指出"教学有法，教无定法，贵在得法"。尽管"指南"教学有基础方法，能够为参加教学工作不久的年轻教师提供课堂教学示范的操作模式，但这也只是中小学美术课堂教学的第一步。如何在"指南"的基础上，再深入开展更加高效的教科研队伍建设，特别是在当前培养学生美术学科核心素养的同时，更加关注提升教师自身的核心素养，这仍将是工作室任重道远的探索方。

（2）立足实践，为中青年教师提供更具实际操作性的有效方法。对于大部分教师，特别是对青年教师来说，上好展示课、公开课，只是一次锻炼的机会，可以逐渐掌握过程方法。但是，如果要针对课题研究任务，则需要研究一套具有实际操作性的有效方法，即课题研究行动"指南"。这样，能够为青年教师快速熟悉、掌握教科研途径、方法，提供更现实的操作路径。

"欲明人者先自明，欲育人者先自育。"这是明末清初著名教育家王夫之在总结自己数十年治学、育人经验的基础上所提出的名言。这一名言，对现代的美术学科教师队伍建设，同样具有启迪作用。

探索美术教育信息化教学新途径

——基于信息化条件下的初中美术教育微课教学设计与应用研究

微课是指按照新课程标准及教学实践要求，以视频为主要载体，记录教师在课堂内外教育教学过程中围绕某个知识点（重点、难点、疑点）或教学环节而开展的精彩的教与学活动的全过程。

一、认识、了解"微课"的组成

微课的核心组成内容是课堂教学视频（课例片段），同时还包含与该教学主题相关的教学设计、素材课件、教学反思、练习测试及学生反馈、教师点评等辅助性教学资源。它们以一定的组织关系和呈现方式共同"营造"了一个半结构化、主题式的资源单元应用"小环境"。因此，微课既有有别于传统单一资源类型的教学课例、教学课件、教学设计、教学反思等教学资源，又是在其基础上继承和发展起来的一种新型教学资源。

二、"微课"的主要特点

（1）教学时间较短。教学视频是微课的核心组成内容。根据中小学生的认知特点和学习规律，微课的时长一般为5～8分钟，最长不超过10分钟。因此，相对于传统的40或45分钟一节课的教学课例来说，微课可以称之为"课例片段"或"微课例"。

（2）教学内容较少。相对于较宽泛的传统课堂，微课的问题聚集，主题突出，更符合教师的需求。相对于传统一节课要完成的复杂众多的教学内容来说，"微课"的内容更加精简，因此又可以称为"微课堂"。

（3）资源容量较小。从大小上来说，微课视频及配套辅助资源的总容量一般在几十兆左右，视频格式需是支持网络在线播放的流媒体格式（如rm， wmv，flv等），师生可流畅地在线观摩课例，查看教案、课件等辅助资源。也可灵活方便地将其下载保存到终端设备（如笔记本电脑、手机、MP4等）上，实现移动学习、"泛在学习"，非常适合教师的观摩、评课、反思和研究。

（4）资源组成、结构"情境化"，资源使用方便。微课选取的教学内容一般要求主题突出、指向明确、相对完整。它以教学视频片段为主线"统整"教学设计（包括教案或学案）、课堂教学时使用到的多媒体素材和课件、教师课后的教学反思、学生的反馈意见及学科专家的文字点评等相关教学资源，构成了一个主题鲜明、类型多样、结构紧凑的"主题单元资源包"，营造了一个真实的"微教学"资源环境。这使得微课资源具有视频教学案例的特征。广大教师和学生在这种真实的、具体的、典型案例化的教与学的情境中，更易于实现"隐性知识""默会知识"等综合思维能力的学习，并实现教学观念、技能的提升，从而迅速提升教师的课堂教学水平，促进教师的专业成长，提高学生学业水平。就学校教育而言，微课不仅成为教师和学生重要的教育资源，而且也成了学校教育教学模式改革的基础。

（5）主题突出、内容具体。微课一般一个课程就是一个主题，或者说一个课程一个事件。研究的问题来源于教育教学具体实践中的具体问题；或是生活思考，或是教学反思；或是难点突破，或是重点强调；或是学习策略、教学方法、教育教学观点等。研究的问题必须是具体的、真实的、自己或与同伴可以解决。

（6）草根研究、趣味创作。正因为微课课程内容微小，所以，人人都可以成为课程的研发者；正因为课程的使用对象是教师和学生，课程研发的目的是将教学内容、教学目标、教学手段紧密地联系起来，是"为了教学、在教学中、通过教学"，而不是去验证理论、推演理论，所以，决定了研发内容一定是教师自己熟悉的、感兴趣的、有能力解决的问题。

（7）成果简化、多样化传播。因为内容具体、主题突出，所以，研究内容容易表达，研究成果容易转化；因为课程容量微小，用时简短，所以传播形式多样（网上视频、手机传播、微博讨论）。

（8）反馈及时、针对性强。由于在较短的时间内集中开展"无生上课"活动，参加者能及时听到他人对自己教学行为的评价，获得反馈信息。与平常的听课、评课活动相比具有即时性。由于是课前的组内"预演"，人人参与，互相学习，互相帮助，共同提高，在一定程度上减轻了教师的心理压力。教师不会担心教学的"失败"，不会顾虑评价会"得罪人"，较之常态的评课就会更加客观。

三、对微课教学设计的再思考

综上所述，作为美术教师，在思考微课教学设计之初，可以结合教学参考书、课本，准备设计。教师先在各自所教的岭南版中小学美术教材中，针对重点、难点部分，进行认真研读，找到切入点，运用手绘形式，设计出解决重难点的"脚本"（草图）。具体设计操作方法、步骤如下。

（一）依据教材、课本，着手设计方案草稿

在最初思考设计时，先找好自己所教年级的中小学美术教学参考书和课本，找到每一课的教学重点、难点部分，再进行认真细致的研究、解读。把教材中的重点、难点环节，边学习边用笔起草构思，画草图，简要写出每一句话：对示范过程的解说；相对应的图片、步骤、方法；对重点的突出，难点的提示；什么环节需要细节，而且要慢速，什么地方可以快速；结尾部分还需要对以上教学过程做小结……最后部分还需要微课制作者的简要信息等。另外要运用手绘形式进行构思。

（二）运用两种形式，做到教学与参赛并举

设计微课时，一定需要考虑用两种形式，保存所设计制作的微课教学资源。

1. 参加比赛的形式

在设计时，第一页应该展示微课教学的主题：版本、单元、主题和执教者等信息。第二页应该思考如何自然地引出学生在教材学习中所遇到的问题。此环节可以设计成交互形式，即可以停顿下来，与学生交流、互动（可以运用"猜一猜、预测"等方式自由展开）。教师在此环节中要示范解决的主题方法、步骤等。或者以语音指导与信息提示相对应。第三页就直接自然切入需要解决的重点、难点问题，展示具体方法、步骤等。这一页是本微课设计的重中之重，无论是时间，播放速度、音响效果，都需要精心安排。第四页是在解决了学习过程中存在的问题后，淡出画面，自然切换到小结过程，即对以上所学习的内容进行总结。可以语音和文字相对应，再加上适当的动画效果。第五页建议展示与本微课的设计制作有关的信息等。

2. 直接应用于课堂教学

考虑减少第一页和第五页的内容，使微课可以更简洁，或者信息量更少。另外，在微课设计过程中，需要融入中小学美术文化，充分发挥各自的专业强项，把自己的专业知识运用到各自的微课教学设计中，努力向微课设计个性化方向发展，体现出美术教师所设计的微课与众不同的艺术魅力。

让微课在教学中应用

——对信息化情境下微课教学及设计的探索与思考

在观摩工作室部分成员提交上来的微课作品时，笔者感觉到这些作品缺少对微课教学设计思想的认识和理解。那么，怎样的教学设计作品比较符合微课教学设计的含义呢？下面笔者就微课与常规课的关系，微课教学设计应用等实践过程所遇到的问题，与同行们一起探讨交流。

一、从比较中看微课与常规课的关系

所谓微课，是与正常的一节课堂教学相比较的，它只是对重难点部分运用微视频形式教学的过程，是达到突出重点和解决难点的目的的教学手段。

1. 微课与常规课的关系

一般的常规课教学包括安顿学生情绪、导入、展开、学生练习、作业评价和结课等环节。微课从大的关系上说，则属于常规课范畴内。常规课教学过程，重点、难点问题需要运用微课视频，通过信息化媒体设备，加以解决。如果说，正常的45分钟一节课是一个漫长的教学过程，那么微课所展示的则是漫长的教与学过程中的精华。

2. 微课与课堂教学的关系

理想中的微课教学，应该类似于一对一辅导。在较短的时间内讲授一个知识点，是模拟一对一的教学情境，关注学生的学；而一般课堂教学是一对多，注重的是教师课堂的教。微课不是要黑板搬家，而是解决用传统教学很难解决的重点、难点问题。

3. 微课有其独特的课程结构

虽然说微课一般从属于常规课，但是从其微视频展示形式来看，内嵌有常规课堂教学的基本结构，更具有针对性、经典性。从小关系上说，微课是微型

探索 中小幼 美术 教育新思路
——学前、义务教育和高中美术教学实践研究

课的一种，其微视频里所嵌入的内容都必须按照一定的逻辑顺序逐渐展示，而且也有总结、问题拓展及后续信息等。因此，从这个意义上来讲，微课有其自身独特的结构，更能赢得受众的欢迎。

4. 微课更有时间短小的优势

当前社会人人都处于匆匆忙忙的快节奏中。在中小学学生作业负担重的现实情况下，只需要花上5～8分钟时间就能快速学习一个重点知识，是非常受学生青睐的。所以说，微课就是抓住了时间更短的特性，在更短时间内完成教与学的任务。

二、从应用中看微课与教学设计之关系

根据目前全国中小学校对微课关注的教学效果评价标准来看，使用微课教学，整体上从两个方面来展开设计思路。

1. 需要充分考虑受众的情况

无论受众是参与教学过程的教师、学生、家长，还是其他群体，都是为了解决他们时间、空间上不方便的问题。即使错过了时间，也可以借助微课，利用信息平台，随时、随地、随意地进行自主选择性学习。这样的课程内容设计，应该具有普及性，是人人都能接受的课程系列。比如说，先进行一种分类，从大的方面来说分数理学科类、文科学科类。再从小的方面来分，学科领域类又如手工操作类、欣赏类、情景介绍类……而在具体的微课设计过程中，针对一个主题，可以以一个小视频，如讲授介绍手工制作、实验示范等来进行。以方便学习者查找和在线观看。而对于小学生和初中生来说，如果涉及使用手机或者电脑等多媒体，就显得不太方便了。因为无论是在学校还是在家庭，在这个学习阶段，都会受到一定的限制，或者被认为是会影响学习而被禁止使用。这就需要教师在学校的课堂教学过程中使用微课教学。

2. 以中小学教学设计为重点

以中小学教学设计为重点，也就是说，是从广大中小学校师生对教育教学的实际需求出发，并有一种比较规范的设计标准。在具体的微课设计过程中，作为中小学美术学科教师，首先要树立运用微课教学作为传统教学很难解决问题的一种教学技术手段的教育理念。在实际教学过程中，微课教学设计一定需要遵循时间短、内容精、重点突出的原则。同时也应具有一节微型课的特征：

有教学目标，有问题背景导入，有教学过程，更有解决问题的具体方法，还有课的小结，甚至还有知识拓展和问题延伸等环节。在5～8分钟时间里，要解决40分钟或45分钟时间需要解决的问题。所以，从这一点上来说，一节好的微课设计，不会比一节40分钟或45分钟的常规展示课的设计来得轻松，相反，所需要设计的内容要更加浓缩、精简。也就是说，要想设计出一节好的微课作品，还需要好好动脑筋，提前做好资料的收集准备等工作。

通过以上对微课教学设计与应用思路的再梳理，再比较提交上来的这些微课作品，与其说是微课设计，不如说就是一个拍摄教学过程的小视频作品，缺乏对微课教学设计与应用更深刻的学习与理解。

三、从实践中看微课教学再设计

那么，一件好的微课设计，应该是怎样的呢？根据笔者对将微课运用到课堂教学中的实践体会，笔者认为一件有效的、能够真正帮助学习者的微课作品，首先要有明确的微课制作流程：选题—教案编写—制作课件—教学实施与拍摄—后期制作—教学反思等环节。

1. 选题的基本要求

（1）微课的选题，需要选择教材中的重点、难点。微课教学过程只讲授一个知识点，这个知识点的选择，关乎知识结构的设计。而选择教材中的重点、难点用来制作微课，比较符合微课制作的初衷：教学资源分享，为学生、同行教师和家长解惑、启发教学与交流。

（2）微课的选题，要适合用多媒体表达。微课作为一种媒体，内容的设计要适合多媒体特性，对于不适合使用多媒体表达的内容，制作也许是徒劳的。因为也许使用黑板教学或进行活动实践的教学效果更佳。同时也会使教学过程平庸无奇，令观看者失去学习欲望。因而微课选题要适合使用多媒体表达，适合加入丰富的图形图像、多姿的动画、声色兼有的视频。

2. 设计的基本要求

微课虽然只有短短几分钟，但是也需要进行良好的教学设计。良好的微课应该具有一定的逻辑性，是井然有序的。杂乱无章而随意的微课，是与微课教学设计理念背道而驰的。

（1）适合教学受众的需要。不同学科学段的微课对应不同知识能力的学生。微课不但应有学科学段的分别，同时还要针对同一学科学段不同水平的学生。诸如同一个美术学科知识点，对于不同水平的学生，传授的方法乃至内容应该有差异，要进行个别化教学，这也是符合微课教学设计理念的。

（2）符合认知规律。良好的微课设计应该是循序渐进的，不能跳跃式发展。不同年龄段的学生认知方式是有很大差异的。对于低年龄的学生，具体的知识（多图、动画、视频）他们更易于接受；对于中学生而言，认知方式已经发展为更易于接受抽象的知识，可以给予学生想象思考的空间。例如高中学生，可以更多地运用情境陶冶的方式，而对于低年级儿童，情境陶冶也许就会分散他们的注意力。"停顿"对于低年级学生是不太需要的，而对于高年级学生，适当的"停顿"则是非常必要的。对此时的学生进行知识灌输显然是低效的，进行知识的自我思考才是高效的。如果学习的对象是教师，则由于记忆能力下降，可能需要多次的重复才能记牢。同时由于观念的固化，对接受新事物有一定缓冲过程，在陈述内容、观点时，转折应适当圆滑、缓慢。

3. 充分发挥好PPT设计的功效

（1）要关注内容设计。①设计PPT需要有明确的指向，即只设计播放核心内容，对于非核心内容，尽可能地通过教师的语言与动作进行清晰的表述和演示；②运用PPT时其内容设计要有启发性，而且要精而少；③PPT内容设计要有悬念；④需要布置反思。

（2）特别注重版面的美观设计。①首页与封面：最好采用PPT的首页作为封面，这样可以清晰明了地知道知识点与作者。第一张PPT作为微课的"脸面"，应当有以下清晰的"五官"。"额头"：如果是系列微课，可以在这说明；"眼睛"：简明扼要的微课标题；"鼻子"：作者及单位；"嘴巴"：学科学段、章节及教材；"耳朵"：边饰，缺乏了边饰则显得有些古板、单调，不建议在这里放置教师画面。②背景：就好似人的皮肤，尽量以素雅为主，能烘托字体，不能太艳丽，如果跟人的皮肤一样浓妆艳抹，则内容显得苍白无力。同样，背景不能乱，试想凹凸不平的皮肤，能美到哪里去？③中间页：最顶上可以写知识点的小点，一目了然，中间则放置主题内容，右下角或左下角留出空白，以放置教师画面，同时不挡住文字。背景应当比首页更加简单，但是不推荐没有背景或是某种纯色的背景。背景太空也不好。④尾页：可以加入感谢语、微课题目、欢迎观看其他微课等语言。

（3）充分体现学科美学设计优势。①按照设计原则，整个PPT当中，应当是50%文字，20%图片，30%空白；②整个PPT文字颜色不要超过3种，最好只使用2种；③上下一致，左右协调。PPT的上半页与下半页内容数量差不多，不要出现一边重一边轻的现象，左半页与右半页要协调；④翻页动画可以有数种，但是不能太多，2～5种翻页效果是合适的；⑤审美不疲劳，不要出现连续好几张全部是图片或者全部是文字的情况。

四、从实践中看微课应该是持续的

微课尽管可以以单独的形式展示，但是不应该只是单独的课时，应该可以设计开发成一个连续的微课程。一节微课的教学设计，在时间上、空间内容上已经受限，所以，在作者教学理念，具体设施的过程中，不能只以一节微课为终点，而是以一节微课为起点，以连续的整体课程设计为理念。如以某个单元教学过程为例，一个单元，往往是由若干节课组成，在设计一节独立微课时，完全可以与主题相同，但与分题有联系的具体课例，开发设计成主题微课系列。这样更能够形成单元主题教学整体课程。只有把单独的一节微课，设计出非单独、可持续性的微课系列设计理念，微课教学才有广阔的发展空间。

微课教学的表现形式，应该更具有创意和趣味性。虽然微课教学过程很短暂，但是，一定要给人很好玩、很有趣的感觉。特别是对学生来说，只有好玩的教学形式才会吸引学生，激发学生学习兴趣。提升趣味性的方法各式各样。一般来说，小学低年级阶段，传统教学形式往往都是以讲故事、做游戏，或者以表演、猜谜语等形式为主，但是在信息化表现微课制作技术上，是否可以用小视频、出镜露脸、角色配音、场景表演、手势表演，快慢速技术等非传统教学形式，激发学生的学习兴趣和好奇心，以符合不同龄阶段学生的认知能力和心理特征？

"话说漫画"

——教学设计原创思路

　　"话说漫画"的原创思路来源于本人参观深圳会展中心举办的"深圳第十届动漫展"。在这次动漫展上，可以说是人山人海。排队观看的人群，看得出基本上以初、高中和大学的少年和青年为主。就其门票的价格而言，与一年一度的国际性的"高交会""中国国家文博会"等大型国际性展览的50元一张的门票价格相比，其需要80元，可以说有的高得离谱。就是这么贵的参观门票，还是有非常多的人不停地排队。这就让我想起了自己所教的七至九年级学生。他们也非常喜欢动漫节，往往把这些展览称为"漫展"。所以我想选择"漫画"为切入点，以"话说……"的形式，创作成微课教学设计。整体设计的思路是，以问题为导向，以文化艺术学习的高度展开教学过程。这样，设计理念立意会很高。

　　好的设计还需熟练的技术去实现。从开始时设计灵感的闪现，到具体制作实践过程，实际上存在一定的现实差距。尽管有好的创意，但在具体的制作过程中，却时常会遇到很多麻烦。具体来说，主要表现在以下几个方面。

一、设想与技术不同步

　　在设计这节课之初，设想以"话说……"为引入点，犹如"评书"一般开头。紧接着就加入一些文化知识背景做简要铺垫。这个从具体技术层面来说，制作起来问题不大。例如，开头介绍漫画文化历史部分。把中国近代晚清时期陈师曾先生的"随意画"作为漫画雏形，后来到了1925年，丰子恺先生在《上海周报》《太平洋报》上经常刊登所注为"漫画"之时开始，基本上开启了"漫画"被大众认识的时代……这个过程，从设计到视频制作，还是比较顺利的。但是，在需要借助手机拍摄边讲边示范的过程中，就出现了问题。开始，我先选择了手机延时拍摄模式，按照"手机镜头在左边……"拍摄基本要求，现场边画边讲，需要"一心多用"。由于自己平时练习不多，还是显得比较生疏，拍了几次都没有达到理想的效果。又经过多次练习以后，拍摄效果才基本令人满意，有一种付出艰辛后获得成功的感受，还是比较开心的。

二、发现问题时，设法解决问题

通过几次运用手机拍摄制作微课的培训学习，自以为用手机拍摄视频应该没有问题了。但是，当自己想把手机里所拍的视频导出到电脑上的时候，就发现了新问题。原本拍摄时，镜头在左边，所拍摄的视频画面应该是从正面给人观看，即应该符合手机拍摄时候的设计要求。而导出后则成了相反的视频，甚至或左，或右，或直竖的画面，不是原本拍摄的横向画面效果。对于这种情况，我自己也觉得很奇怪。为了让这些视频符合正常的播放要求，我花费了好多时间。还请教专家在线指导，结果很多次都没成功，又在百度上查找原因和解决办法，又运用多个软件进行处理。最后，经过几番折腾，问题总算得以解决，最可贵的是自己也在这个过程中积累了一些经验。

现在再回顾这些制作过程，反思有时考虑不到具体技术问题的时候，更有一种感触：其一是萌生一种"求人不如求己"的想法。除有些疑难问题需要请教专家、高手指导外，对一些小技术，如上述遇到的视频方面问题，是否可以自己寻找办法处理解决呢？借此也好好学习解决这些问题的方法。"求人不如求己"需要体现的是，遇到问题要有自我解决问题的智慧，更需要有运用智慧解决问题的能力。这更是锻炼人的过程。其二是解决问题的过程中又会出现新的问题。在解决上述问题的过程中，我还遇到一些有趣、奇怪的现象。在运用腾讯、爱奇艺和迅雷的不同播放器时，播放同一个视频，都会出现画面倒过来播放，或者是竖着播放的情况。而运用Word自带播放器时，视频画面却是横向、正画面播放的。与手机所拍摄的画面是一样的。但是，如果再导入到Camtasia录屏软件制作微课过程，又会出现或左或右不规范的视频画面……这时，我就想了个"土"办法，用Camtasia录屏软件，对用word播放器正常播放的视频，进行重新录制，而且还能够改变视频画面的大小。这一点也是意外之中的收获。经过这样的一番技术上的操作，手机所拍摄的画面方向问题总算得到了解决。

三、运用学科专业，艺术地处理好整体关系

如何处理好片段内容之间自然衔接过渡的关系，成为这一环节需要解决的重要问题。尤其在微课展示的后半部分更需要细致考虑这一问题。

根据整节微课的教学设计，在后部分的学习小结环节，需要有与内容相匹配的小结"点"跟进。每一"点"都以长句子的形式陈述。但在制作完成回放时，发现"小结"太长，有超时现象。例如，像"1.简要了解了中国、日本漫画的发展情况；2.知道漫画在现实生活中的意义；3.学习绘制漫画头像的基本方法……"这样的句子太长了。这时回想起手机微课授课专家雷斌老师曾经所指出的"要学会用像'关键词'，或者'顺口溜'一样的有画面感的描述"；又想起"K21世纪教育"主编王钰老师曾经在"如何体现PPT更直观有效"授课过程的"六六"原则，即每一个PPT页面不超"六个"关键词的设计原则。所以，把"小结"环节的每一点就调整为一个关键词："1.了解漫画；2.现实意义……"这样的"缩字"很有效果，既节约了时间，又突出了关键词，一举两得。

四、配好音，为视频增添动听的音乐

在为微课作品整体、局部配音乐的过程中，又遇到了小麻烦。我开始找到了手机里自带的音乐文件，然后导入到电脑中，再输入到Camtasia软件，结果发现没有声音。这又是怎么一回事呢？我又尝试了几个播放器，都出现了同样的情况。经过仔细检查和尝试，观看Camtasia软件里面的音频文件，发现播放过程中音频轨迹没有一种高低起伏的音频波浪线，就感觉到有点儿不对劲。后来，又用Camtasia软件进行测试，运用以前曾经应用过的一些音频文件，发现都可以直接在导入"媒体"栏出现，而现在导入的音频不能用，主要是格式不对。在找到了存在的问题后，就有了解决的办法，可以运用格式工厂软件进行格式转换。在转换过程中，如果选择转换成MP3格式，音质则会很差，而转换成wma格式就完全可以放心使用了。

在具体的操作过程中，还有一个小问题，就是当转换好的音频文件，插入到Camtasia软件中时，由于导出来的音频文件带有画面，会覆盖住应该出现的视图。因此，还需要做一个"小手术"，即把插入的音频文件，选择软件中的

"分离音频和视频"功能，去掉视图，只保留音频，而且大小可以随需调节，这就又解决了一个音频技术问题。真可谓是"不做不知道，一做吓一跳"，原来有好的创意设计，还需要有熟练的技术支持，才能够转换成真实的作品。更重要的是这种不停的实践、研究、失败、再实践、再研究去解决的过程，确实是一个锻炼人的思维品质的过程。

五、所付出的辛苦，总会有回报

经过不断克服各种困难，到了晚上11点半，"话说漫画"的第一件微课作品，才宣告创作完成。这次创作过程是我长期以来对微课作品设计创作实践过程的具体体现。而在这个过程中，虽然说好的创意是第一要素，但是，在具体实践过程中，只有好的创意还远远不够，因为要把自己好的创意，变成理想、满意的作品，不但要有创意理念，更需要在具体制作过程中有强大、熟练的技术支撑。但无论如何，正式的第一件微课作品在跌跌撞撞的过程中总算完成，就已经很不容易，也算是对自己努力的鼓励吧！

学习，更新，再研行

——从学习人工智能探索美术学科教学所思所想

当今时代，大家讨论的热点之一，就是未来的人工智能是否会替代我们现在的人工工作，使以后的人找不到工作，也就是到了人们失业的境地。这是大家对于未来个人发展的忧患意识和危机感。这也是一件好事，从长远发展来说，无论是一个民族还是个人，如果没有这种忧患意识，一切安于现状，那么就会失去再发展、再创造的动力。一旦遭遇天灾人祸，一切都为时已晚。所以，从其反向上来说，也是一件逼迫自己，鼓励自己不断学习、自我更新的好事，宜早不宜晚。这样，使我们觉得有很多事情需要继续去努力、去奋斗，也就有事可做。

马云曾与香港青年交流时说："30年之后，什么事情都会发生，人工智能顶替你以后，是开心还是伤心？"你是害怕还是兴奋？如果是后者的话，我们就要好好反思一下，希望做好思想准备，提早行动。那么，我们作为教育工作者，面对社会未来的发展趋势，也不需要过分担心，因为教育是培养人的最大工程，同时，教育既有自身的规律，更需要符合人的发展规律，只要我们自身树立起终身学习的思想，紧密关注社会发展趋势，掌握几项现代创新、创造能力，还是可以适应未来社会发展需要的。但是，作为教育人的教育者，不能一直按照过去传统的方式从事教学，应该更多的是从知识的传授者转向知识学习的引导者，互相学习和能力培养的促进者。尽管现在的教育专家、不同行业的高管等有识之士纷纷提出"我们教育怎么样能够培养孩子掌握未来的知识及能力，答案是不能"的理论，但是，作为教育工作者，还是需要从自身的点滴做起。

第一，不忘更新自身已有的基础知识，紧密关注时代发展现状。虽是老生常谈，但是非常要紧。如对美术教育过程深入的思考。作为一名美术教育工作者，在具体的教学过程中，往往会出现这样一种特殊现象，就是当一个学生文化课成绩不好的时候，就会选择一些艺术类、体育类科目参加特长生考试，以获得理想中的公办高中学校学习的机会。这里不是说家长为孩子选择艺术类学科学习不好，只是说，过早地选择偏学科学习，会给学生以后学习留下后遗症。更重要的是这样做并不是学生真的自己喜欢美术，而是为了中考，迫于无奈的一种选择。那么，作为美术教师，在学生的文化学习与美术学科学习方面，能否更有所作为？如在平时的教学过程中，更多地引领学生学习，给予更多的指导，而不是过早地走向偏科的学习胡同，这一点更值得我们深入思考。

第二，保持持续、开放、积极主动的学习心态。在美术教学过程中，教师不仅仅只是教授美术知识和技能，也常常需要与学生交流沟通。比如说，当你以后去面试工作的时候，招聘的老板往往会问你，这个懂不懂，那个知不知道怎么做，你怎么说？你就可以说"我现在不懂，上班以后就懂啦"。所以真正的教育，不是单纯的教授知识，更需要培养学生运用所学知识的能力，积极、主动的学习态度。所以，教师要以师生共同成长型的教育教学思维，不断地去促进彼此共同成长。

第三，实现了一个目标，再创设新的学习目标，努力使自己不断获得学习的新动力。那么，怎样才能持续地进行广泛的学习呢？我介绍一下我自己是怎么做的。我是从深圳的机关幼儿园的幼教美术教学开始的。起初我对幼教美术是完全不懂的，但是，也有很懂幼儿美术教育教学的人，这就需要自己积极、主动地请教幼教专家。从简单的理论学习开始，边学，边想，边实践，直至参加幼教专家团队的课题研究工作。记得当时，幼儿园领导还专门邀请了南京师范大学学前教育系的屠美茹教授来幼儿园指导做课题。说实话，当时自己对幼儿园环境布置、画画、写写、刻刻还算可以，没有想到要做课题，尤其没有接触过学前教育的儿童美术方面的课题研究。但是，也必须学习自己去图书馆、新华书店找学前教育的资料，特别要学习儿童美术教育方面的理论知识。那时我刚好买到了一套由湖南美术出版社尹少淳教授主编的儿童美术教育丛书。书中包含有阿恩海姆、里德等介绍有关国外儿童美术教育的理论，我进行了大量似懂非懂的自我学习。后来，在小学、初中的美术教学过程中，这些学习过的教育理论一直影响着自己的学科教育思想。同时，在这一长期自己也慢慢体会到，除平时需要绘画专业技能以外，更需要的是不断地阅读、阅读、再阅读。

只有不断地阅读，才会产生新的想法，促进自己更深入的思考。

总之，作为一名教育工作者，应该清楚地知道，今天这样不断地自我学习、自我更新知识，不仅仅是为了现有工作，更是为了以后的自我发展，哪怕是自己退休以后，也将会活得更加充实和有意义。从这一点来讲，自我学习，终身学习，永无止境。

让美术走进文学，让学科互为融合

——记参加华中师大高端写作班聆听语文教学大家讲课

2017年7月13日，上午8点多，还未到上课时间，我看到组织本次高端写作班活动的编辑部陈枝兰副主编，陪着一位个子矮小，提着一只黑色手提包的老教师，向科学会堂的二楼教室走去。我与陈主编打招呼后，陈主编小声地告诉我，这是一位大师级的人物，学习机会非常难得，要好好地用心把握。经陈主编提醒，我也特意准备好了相机、手机，以方便快速记录。

上午的讲座开始后，陈枝兰副主编非常自豪地介绍了所邀请到的为大家授课的著名语文特级教师余映潮老师。余映潮老师是全国中语会学术委员会时任副主任，湖北省荆州市教科院原中学语文教研员，多家国家级中学语文专业杂志的封面人物，曾被张定远先生誉为"中青年语文教师课堂学艺术研究的领军人物"。他著述丰富，已发表各类教学文章1000多篇，出版了7本专著。创建了全新的"板块式、主问题、诗意手法"阅读教学艺术体系，总结出了"思路明晰单纯，提问精粹实在，品读细腻深入，学生活动充分，课堂积累丰富"的教学设计30字口诀。精彩的课堂教学受到各地中小学语文教师的普遍欢迎。

而今天，作为一名美术学科的教师，能够聆听像余映潮老师这样的语文大家为不同学科教师讲课，是一种莫大的荣幸。余老师的讲课，与其说是讲座，不如说是朋友之间的一种聊天，声音语调平缓，娓娓道来……这使我想起了2016年5月份，华东师范大学李振涛教授的"名师的思维品质"的讲座，两人讲授的音色语调非常相似，使人感觉那么的平和，又富有节奏感，但又很有力度，好似正在讲一个个讲不完的故事一般，很有吸引力。不同的是，李振涛教授采用的是边讲边打字的方式。而余映潮老师，则一边娓娓道来，一边以PPT形式逐一展开，有同样的效果。

余映潮老师是这样描述他自己的：我的教学研究，与教学实践活动，十年如一日，几乎每天都在思考之中。25年的中学语文教学研究工作，连续16年的青年教师训练，长达20余年的中考命题，过60岁后还在学讲小学语文课。现在仍然在讲阅读、写作、中高考复习，公开课达260多节。现在，余老师发表的文章早已超过1000篇了……

余老给我们讲课，分别从"要有很好的阅读鉴赏能力、在实践中获得写作的资源、经验丰富、视野开阔、写作角度新颖靓丽、用专项研究优化写作、提炼论文写作的质量要求、对写作技法作定点项研究"八个方面传讲，使我们形成自己的写作特色。又以"写作警语，思维方式"的视角，创新提出论文写作"新、厚、精、美、深"的"五字诀"，并分别进行了详细的阐述。在介绍"形成自己的写作个性特色"时，是这样描述"写作警语"的：个性、风格、特色、难度，论文写作的立身之本。思维方式：选点、创新、系列。

（1）随时将思想火花变成文字。例如，在2013年上半年，听了100多节的课。听课当天晚上，一定要工作，记下自己的教学创意。以"余映潮书房里的小纸条"为例，是这样写的：最可爱的是"余映潮书房里的小纸条"，它们层层叠叠，密密麻麻，构成了一面奇特的墙。我常常对着墙上与柜上的这些纸片沉思、说话，驰骋想象。我在心中孕育着这纸片上各个条目的鲜活生命，用身体里的血液和体肤上的汗水勾勒他们的可爱形象，然后喜悦地放飞它们，目送它们去语文的蓝天里翱翔。

（2）将一个点写透，将一篇文章写美，将一个系列写新。

（3）"八种"加工方法，即"深加工、厚加工、精加工、美加工、趣加工、新加工、联加工、逆加工"。

（4）"六种"出新策略："新在独到的创意，新在文章的命题，新在精巧的视角，新在表达的形式，新在语言的锤炼，新在视野的开阔"。

余老师举例，以"我的一天"的八种构思形式为例。第一种按序简单记叙，第二种详写一个瞬间，第三种巧用插叙手法，第四种昔日今日构思，第五种点缀景物描写，第六种运用横式结构，第七种大段抒情结尾，第八种写别人的故事。

（5）"四个"及时关注："关注新背景，关注新栏目，关注新项目，关注新材料"。

（6）"十个"方面，精益求精：纹路非常清晰、绝对杜绝语病、开头少做铺叙、结尾不说套话、题目不要太大、引用不可太多、陈例尽量不用、标题避免交叉、版面疏朗有致、排版规范为佳。

"只有精于教学研究，而且确有心得的人，才有可能产生优秀的论文成果。论文写作，能够让我们的学术境界得到提高和升华。"这也正是余老师激励全体学员砥砺奋进之语。

听余老师讲课，真可谓是一种享受，忘记了时间，忘记了饥饿，完全沉浸在忘我的学习过程中。可惜的是，自己能够遇到这样的大师，时间已经太迟了，如果是在更早的年轻时代，那该是多么的幸福呀！幸运的是，迟来的今天，还能够零距离倾听余老师讲课，也算是一种莫大的荣幸。正如与余老师后来联系时，他说"自己不懂美术教育，只能是提供建议，仅做参考"。其实语文学科和美术学科，有广泛的交集，多聆听像余老师那样的语文教育大家的讲座，对美术学科教育肯定会有更深刻的借鉴与启发。特别是余老师笔耕不辍，思维超然，成果丰硕，诚然有大家风范，正是我们美术教育工作者学习之楷模！

让"高端"写作成为自己的行为习惯

——参加华中师大高端写作班学习后的反思

今天是2017年7月17日，是我参加武汉华中师范大学学习返回深圳后的第一天。从7月8号中午出发，到武汉华中师范大学培训学习结束，整整过去了9天时间。在这9天的学习过程中，我有了更深刻的感受。可能是因为早就意识到自己年龄大了，岁月不饶人，珍惜每一次外出培训学习的缘故吧。这次外出学习培训，我坚守着学习信念，努力从这次来之不易的学习机会中获得最大收益。

对这次培训的课程安排和实际培训学习过程，我做了一下归类，主要分为四大类：

第一类，主要是文章写作的学习。由田恒平教授主讲的"让思想在笔端行走——教育写作的争议与路径"；陈兰枝副主编讲授的"教育论文写作与教师专业发展"；陈良炎主讲的"教学课例、教学反思的构思与撰写"，和《教师教育论坛》编辑部由彭慧、谢先成、夏豪杰三人讲授的"论文写作问题反馈与修改意见"，这也是这次培训学习的主要内容。

第二类，主要是基础教育科研问题。由武汉大学教育科学研究院副教授陈崝主讲的"基础教育科研常用方法与写作应用"，教育学博士、湖北省特级教师、武汉市教育科学研究院语文教研员何永生主讲的"中小学教育科研课题的选择与确定"和中国地质大学教育硕士导师、湖北大学教育硕士导师、襄阳市教科所所长郭强主讲的"中小学教育课题立项——申报与开题、结题报告撰写"。这一块主要是针对目前我们基础教育领域申报课题、研究课题和实践课题等方面，进行了详细的讲授，很有现实指导意义，在这里有必要展开来进行介绍。

郭强所长主讲的中小学教育科研课题审题、申报与开题、结题报告撰写从如何填写课题申请报告，如何描述课题申请综述，研究目标，研究方法，研究路径，怎样写开题、结题报告，以及结题时所需要准备的资料方面，并结合大量的实际课题申报案例，进行规范的课题表述。对课题申报过程不符合逻辑表述的句子的具体修改方法等，给予了大家非常实用的针对性指导。

第三类，是课例评析、著作和教育评论写作。由著名语文特级教师，全国中语会学术委员会副主席，已发表各类教学文章1000多篇的余映潮老师主讲的。余老师谈了教育类著作的写作及出版经历。令我特别感动的是，余老师在放暑假期间，每一天都要写一篇文章。整个暑假30多天的时间里，他都在专心致志地写作，充分利用自己平时所听的课例，各种教学教育过程案例写出了38篇之多的精彩课例评析和文章。据余老师介绍，他针对一个教材主题，可以从不同视角展开评析，写出多篇不同视角的文章。余老师在讲授的过程中，还展示了极其丰富的写作作品。余老师讲述的虽然是语文专业写作方面的问题，所传授的是语文专业教育教学的情怀，道出的却是对人生的感悟与哲理。余老师对专业的敬业挖掘，对专业做到了极致的研究，换来专业丰硕的回馈，从中折射出余老师极丰厚的语文专业素养和活跃的思维方式，是我们教师的楷模与学习的标杆。

如果说余老师讲授的是一线教师教育教学写作方面技巧的话，那么，由全国优秀校长、江苏省特级教师凌宗伟老师主讲的"教育评论与教育随笔——写作动意与风格形成"则从另一个视角，为教师打开了教育评论，特别是对教育教学过程中，所遇见发生的热点、焦点等问题，重新思考与评论的窗口。

我曾经也尝试写过几篇有关教育教学方面评论的文章，但总是写不好。虽然很有想法，但总是写不出这种教育教学评论文章，甚至把教育教学随笔与评论文章相混淆。听了凌宗伟老师的授课，我感觉写作教育随笔是教育评论写作的基础，教育随笔必须要有提升：背景提升、内涵提升、哲理提升。可以说，教育评论写作是教育随笔的再升华。凌宗伟老师结合大量教育随笔、教育评论文章的实际案例与我们进行互动和交流。

在有的教师看来，教育教学评析，教育随笔离我们很近，但是，教育评论好像离我们比较遥远。但我的看法是，目前在我们教育教学过程中，每天都有一些教育教学过程的热点、焦点问题发生，这为我们提供了第一手的写作素材，是一些教育专家所没有的。所以，我觉得特别需要进行深度的认识思考，好好地把握和学习这方面的写作知识，为自己对教育教学实践、思考、探索，

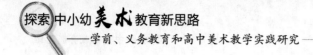

提供更多的思维空间。

第四类，有关文章、著作、课题等的写作成果与出版导引的学习。由华中师范大学出版社基础教育分社社长、《语文教学与研究》编辑部原主任张必东主任主讲的"中小学教师，教研成果，出版导引"，把基础教育工作中小学教师教育教学成果与出版的关系进行了梳理。尽管在一个下午不到的时间里进行了简要的介绍，特别是为当前参与教育教学的教师列举了教育教学成果与出版的千丝万缕的联系，使教育教学成果得到了很好彰显，无论是评职称，还是成名成家，与其成果出版固化，都有着直接的关系。

与我以往所参加过的培训学习内容安排相比，这方面没有引起绝大部分教师的关注。其实，无论文章写作数量有多少，质量有多高，课题研究做得多么有深度，但最终成果的呈现，还需要出版的支持，以便把自己的成果进行固化。从这个层面讲，这次有关著作成果出版方面的讲座，为这次参加高端写作培训班的教师，提供了更广阔的教育教学和成果展示的视野，显得更加实用和重要。

文化元素，赋予美术教育新的内涵

——第八届中小学美术课"你能让我满意吗——环保服装设计"
现场观摩有感

由中国教育学会美术教育专业委员会、《中国美术教育》编辑部主办的"中国教育学会2018年度课堂教学展示与观摩（培训）系列活动暨第八届中小学美术课现场观摩培训活动"，于6月12—14日在福州市隆重举行。这里仅是参加中学组美术课第一节东道主学校所展示的高中美术课观后感。

参赛第一节是东道主福州第三中学教师的"你能让我满意吗——环保服装设计"展示课。这是一节高二年级的美术课。执教的翁老师以自己早上来学校上班路上所捡到的一片树叶为课堂引入点，来引起和激发学生从环保视角对材料发挥想象，进行创作的欲望，以此展开教学。

初步观摩印象是，这些学生上课气氛比较沉闷，估计是由于来自全国各地几千名教师观摩他们的现场上课，大家表现出紧张的气氛。同时，是高中二年级的美术课，这也很符合这一学年段学生的年龄特征。但是，随着教师自己放松地进入教学状态，学生也开始积极地参与互动和交流。例如，教师在教学过程中引导学生走近当前世界服装大师的品牌服装作品，运用图片信息引入大量学生知晓或未知晓的香奈尔、范思哲、迪奥、三宅一生等服装品牌，把世界著名的服装品牌展示在本节课堂教学中，营造出了与主题紧密联系的服装设计元素，但可惜的是，缺少了对中国传统民族服装的介绍……

当教师讲完服装设计的基本元素后，既有示范作品，也有学习方法指导。这一点对学生下一步的学习很重要。教师针对在已经制作好的示范品，邀请一名学生前来观察教师运用了哪些制作方法，如有折叠、揉搓、镂空、拼接等方法，以提供给学生在接下来的设计制作过程中进行应用。学生的学习是以小组形式展开的，这样就更利于合作互助，也会加快作业完成的进度。从一位现场观摩者的角度看，这个环节，应该是学生最放松、开始设计创意的过程。学生能够选择旧报纸、快递箱的瓦楞纸等诸多材料进行插接、编织、缠绕等。这样，他们会更好地去运用。

在作业效果评价环节，授课教师借助学生的点评还是比较精彩的。但是，也发现了一个问题，那就是学生所介绍的设计创意，没有一个是与教师重点引入介绍的世界品牌有联系的，都是结合了自己的创意，还特别点出了中国一些古代民族的服装设计理念。这给人的感觉是，这个环节教师是经过多次的预先排练所致。在评价环节，由于时间不够，也只点评了前面三组，后面一组便没有时间去点评，只能说"以后有时间再具体评价"。

但是在课程的最后点评环节，当大家都认为上课即将结束时，教师突然邀请前一届学生身穿设计制作的环保服装走进会场，请这几名学生自己点评设计理念。学生开始评述自己的环保设计元素，如运用收集到的星巴克咖啡杯废旧环保材料……（此时会务处出示宣布上课时间已到）。这时，这位教师就提问现场上课的学生"这些环保服装好不好，帅不帅？"，没有充分结合导入初期的名牌介绍，或者跟主题紧密关联的内容，就匆匆宣布本节课结束。

本节课观摩后的整体感受是，以学生身边的现实生活为切入点，经过重新思考、设计和动手实践，把本来很不起眼的物品，从审美视角重新创作，赋予了美术课新的文化艺术教育内涵。据说，福州三中在全体学生中举行这种环保服装设计大赛的美术活动，已经坚持10多年了，这确实值得美术教育同仁学习和借鉴。

核心素养，离我们现实教育有多远

——读蔡清田先生所著的《核心素养与课程设计》一书有感

在暑假期间，笔者认真阅读了由台湾中正大学蔡清田教授所著的《核心素养与课程设计》一书。蔡清田教授在书里围绕核心素养和课程改革等问题深入阐述了自己的见解。首先，蔡清田教授谈到核心素养在课程改革中的重要性，他将其看作课程改革的"DNA"，是未来个人发展和社会发展的关键。书中明确提出核心素养的理念，并对"素养"进行了诠释，指出素养是一个人接受教育，学习获得的知识、能力与态度，能积极地反应个人或社会生活需求的综合状态（蔡清田，2016）。核心素养不仅仅是应用有限资源，以解决生活问题的竞争力与软实力，或与巧实力有密切关系，更是做人有品德，做事有质量，生活有品位的优良素养，与提升个人竞争力有着密切的关系。并进一步介绍说可以从多种素养中选择关键的、必要的重要素养，即核心素养。这正是公民适应现代的生活，即面对未来挑战应具备的，能将知识、能力与态度等加以统整的全方位的素养（陈伯璋、张新仁、蔡清田等，2007）。

《核心素养与课程设计》一书对"素养"的解读是，个人为了全面发展，并发展成为一个健全个体，必须通过教育学习而获得的因应社会之复杂生活情境需求所不可欠缺的知识、能力与态度（陈伯璋等，2007）。而核心素养不仅是"共同的"素养，更具有关键性、必要性、重要性，是经过社会贤达精心挑选，可透过课程设计将学科知识与基本能力取得均衡并加以精密组织，而且可学习、可教学、可评价的关键必要素养。而台湾《十二年国民基本教育课程纲要总纲》则提出了三大方面，九项核心素养。

具体来说，首先，素养要比能力的内涵更广，不只重视知识，也重视能力，更强调态度的重要性。不但可以超越传统知识，更可纠正过去只重知识、重能力，忽略态度的教育问题。特别是素养具有东方的、中华文化的价值特色。如古有明训，素养可以弥补能力的不足。但是只有能力，而缺乏正向的态度、情感的价值素养是有所缺憾的。例如，修车厂的技工，有修车能力却态度不当，虚报零部件价格，对用户造成伤害；一个很有能力生产健康食品的人，却为了节省成本，不当地添加有毒的塑化剂，赚取更多的利润。这些商人都很有能力，但态度不当，缺乏道德而做出伤天害理的事。因此，具有上述这些能力的人，都不能称之为具有素养。其次，素养也比知能的内涵更广，是知能再加上态度、情感等价值判断。最后，素养比技能的内涵更广泛。素养的内涵包括知识、能力、态度的统整。素养的定义一定是超越特定职业，或工作的专业，经济框架的技能，是终身学习，参与社会活动，以及履行公民义务，进行社会生产所需的素养。

但是，笔者在通读全书时，也时常思考着教育教学过程中的一些实际问题。过去10年的课程改革，大家往往只重视传统的知识传授，而且已超越行为主义层次的能力，能纠正过去只重知识、重能力，忽略态度的教育问题。怎么样理顺、探讨素养与能力，素养与技能，智能方面等相关的问题？是不是可以有这样的理解，"素养"理念落实在具体的教学过程中，是否在重视知识过程中，更需要重视能力，更强调态度的重要性。也就是说，素养是要比单纯的能力更重要、更宽广，可超越传统的知识，更宽阔的拓展延伸呢？

对此，蔡清田先生也做了详细的介绍。他提出核心素养的教学实施，要能转变以往偏重教师讲述、学生被动听讲的单向教学模式，转而根据核心素养、学习内容、学习表现与学生差异性需求，选用多元且适合的教学模式与策略，以激发学生的学习动机，学习与同伴合作并成为主动的学习者。教师备课时应分析学生学习经验、族群文化特性、教材性质与教学目标，准备符合学生需求的学习内容，并规划多元适性之教学活动，为学生提供学习、观察、探索、提问、反思、讨论、创作与问题解决的机会，以增强学生的理解、连贯和运用能力。教师应依据核心素养、教学目标或学生学习表现，选用适合的教学模式，并就不同学科的特性，采用经实践检验有效的教学方法或教学策略，或针对不同性质的学习内容，如知识事实、概念、原则、能力和态度等，设计有效的教学活动，并适时融入数位学习资源与方法。教师布置学生作业宜多元、适性与适量，并让学生了解作业的意义和表现标准，以提升学习动机、激发学生思考与发挥想象、延伸与应用所学，并让学生从作业回馈中获得成就感。

在如何评价学生是否具有核心素养的过程中，也提出了研究对策。明确提出核心素养的学习评价应兼顾形成性评价、总结性评价，并可视学生实际需要，实施诊断性评价、安置性评价或学生转学评估。教师应依据学习评价需求自行设计学习评价工具。评价的内容应考量学生身心发展、个别差异、文化差异及核心素养内涵，并兼顾认知、技能、情感等不同层面的学习表现。为满足特殊类型教育学生之个别需求，学校与教师应提供适当的评量调整措施。学习评量方式应依学科及活动的性质，采用纸笔测验、实作评价、档案评价等多元形式，并应避免偏重纸笔测验。学习评价报告应提供量化数据与质性描述，协助学生与家长了解学习情形。质性描述可包括学生学习目标的达成情况、学习的优势、课内外活动的参与情况、学习动机与态度等。

通读了蔡清田先生的《核心素养与课程设计》后，笔者对学校如何培养学生核心素养，和教师也要提升自身核心素养的概念和课程实施及评价过程，有了一个大概的认识与了解。如果想要在自己所从教的美术学科实践实施，还是需要好好地从培养学生的美术学科核心素养，即"五个"核心素养：图像识读、美术表现、审美判断、创新能力和文化理解的研究入手，在现有的学科教育背景下，思考如何在美术学科教学中培养学生的核心素养的问题。

1. 引导学生学习读图，学会运用美术基础知识，尝试表现自我所思所想的能力

美术学科核心素养中首先提出的是"图像识读"能力，也就是学科最基础的知识和能力。根据《普通高中美术课程标准》（2017年版）"四课程内容（一）必修课程——美术鉴赏内容系列"介绍指出"图像诉诸视觉，是与口语、文字、声音和动作不同的交流方式。借助于图像，人们既能获得知识和信息，又能表达思想和情感……"也就是说，教师可以通过图像引领学生读出图像中隐含着的丰富的美术信息。让学生运用具体的读图知识与技能，进行自我表达。例如，教师可以学习借鉴美国乔治大学教授费德门的美术鉴赏程序四个步骤：叙述、形式分析、解释、评价。叙述是指用语言陈述作品画面上可以直接看到的东西，暂不顾其含义和价值。这一点不需要有美术基础，只是如实地表述眼睛所看见的内容。例如，对于毕加索的作品《格尔尼卡》，学生很容易答出"画面上有哭泣的女人、俯身奔跑的人、拿灯的人、受伤的马、牛头、士兵，一盏灯，火焰"等内容，这些都是如实的表述。形式分析包括造型、色彩、构图等方面。如果说上一步是要求学生观察"有什么",那么这个步骤则是要求学生观察物体是"什么样子"。例如,在欣赏一幅荷花作品时,教师可以找出荷花的照片,莫奈笔下的睡莲油画作品,工笔的荷花作品,八大山人的荷花作品,让学生观看,并要求他们从对比中找出每件作品在构图、材质等方面的差异。这样一来,就不难分析出作品在形式上的特点了。解释是指推测美术作品的含义,或者说探讨美术家通过作品想表达的观念。这就是让学生猜测"艺术家为什么要画成这样""他通过这样的形式想表达什么观念"等问题。例如,莫奈为什么把睡莲画成色彩缤纷的小碎点?八大山人的荷花为什么画得那么简单?马蒂斯的作品色彩为什么那么艳丽?这样的形式给了你什么样的感受?最后是评价,即学生了解作品的形式和作者的意图以后,就不难去判断它们之间是否协调与统一了。

这样的"图像识读"过程,就是一个与图像再认识、再对话的交流过程,也为接下来的"美术表现、审美判断、创新能力和文化理解"更加深入提供了信息依据。

2. 发挥美术学科自身优势,引导、培养学生运用所学知识解决学习、生活中的问题的能力

培养学生的核心素养,其中最关键的是培养学生解决实际生活中遇到问题的能力。这种能力的培养,在平时的美术课堂教学过程中需要教师有意识地引入和创设问题情境。例如,八年级学生,对如何搭配颜色很感兴趣,为此,教师可以创设一种如何表现温馨,或者表现漠不关心与冷漠的问题情境。在这一教学过程中,教师可以提供让学生自己查找的有关知识的具体方法和途径,指导学生通过自己或者与同伴的合作,运用所寻找到知识去解决要学习的主题问题。学生在这样的问题情境中学习解决问题的途径、方法,会让他们更加有兴趣地去实践、探索。无论是成功还是失败,都是在锻炼学生的知识应用、解决现实问题的能力。所以,教育教学过程中的核心素养的培养,就充分体现在这样点滴的过程中,真可谓是"随风潜入夜,润物细无声"。

3. 通过美术教育,培养学生积极向上、主动学习的心态

在日常的学习生活过程中,教师随时随地会遇到各种各样的问题,尤其是学生学习过程中的问题,如初中学生作业过多、无法独立安排自己的时间;考试成绩、与同伴的关系等一系列问题。在面对这些问题时,教师和家长不可能全部教授，必须依靠学生自己去面对处理。但是，作为教师，在这样的阶段，无论是任教哪个学科，都必须为学生进行有效引领和指导。如当学生有情绪波动时，作为美术学科教师可以指导学生以涂鸦、连环画的方式来表现自己内心的所思所想。学生不需要考虑形象是否符合主题，最关键的是要学会积极面对这样困难的心态；当一个学习目标达成后，还要重新树立新的目标，与人分享；当失败后，需要找老师或者家长帮助分析原因，学会寻求帮助，以便更好地解决问题，实现目标……久而久之，长期坚持这样的美术学科教育，是最好的核心素养培养途径。

总之，通过学习核心素养，笔者对自己学科的核心素养有了更深刻的印象，对学科教育教学过程如何实施，有了更多的理解。原来核心素养并不是海市蜃楼，它就在我们日常教育教学的现实过程中，需要我们一起实践与探究。

以优势学科带动教师课程开发队伍建设的再思考
——以美术学科课程资源开发与建设为例

教育部在1999年9月13日发布的《中小学教师继续教育规定》中的第八条指出："中小学教师继续教育要以提高教师实施素质教育的能力和水平为重点。中小学教师继续教育的内容主要包括：思想政治教育和师德修养；专业知识及更新与扩展；现代教育理论与实践；教育科学研究；教育教学技能训练和现代教育技术；现代科技与人文社会科学知识等。"以笔者对"第八条"内容的理解，可以从"思想道德类、专业知识类、教育理论类、教育技能和技术类、教育研究类、文化修养类"六个类别或学科群来认识。而作为学科教育的一线教育工作者来说，越来越感受到这些类别或学科群之间的交互性、交集性；特别是作为教师继续教育培训对象来说，应该选择、开发哪些方面的课程内容，通过什么学习途径、方式去获得它，也就是说，先要求了解有哪些课程资源可以被开发为师生共同学习的课程。这也正是目前中小幼教师继续教育课程开发建设实践中，真正需要面对和解决的问题。本文就从课程资源再认识，课程资源与美术学科资源开发和内容、途径等方面探索以优势学科带动教师课程建设的一些思路。

一、对课程资源开发的再认识

1. 对课程资源的再认识

根据《简明国际教育百科全书》（Warren，1978；Tomey，1975），课程资源可以分为目标资源与教学活动资源。这里只对教学活动资源做重点介绍。教学活动资源的范围很大，凡有助于创造学习动力、领悟目标、恰当的课业、自强、奖赏、反馈和鼓励、循序渐进研究转化等学习资源，在制订继续活动的计划时都应加以利用。对课程资源进行分类有助于我们对资源进行认识、梳理和整合。我们可以根据资源的功能或者资源的分布情况对课程资源进行分类。"课程资源的功能是对于课程活动而言的，它可以分为两大类——储备功能和支持功能"。课程资源是课程设计、编制、实施和评价等整个课程发展过程中可以利用的一切人力、物力以及自然资源的总和。由此可见，课程资源与教育资源有各自包含的领域，二者论述的对象不同。而教学资源和学习资源则与课程资源互有交叉，人们是站在不同的角度来论述这几种资源的。"教学资源是教学过程中要利用的条件，学习资源是学习者学习的条件，课程资源是课程发展过程中要利用的条件。这些划分，无疑有助于我们认识课程资源的多样性和存在状态"。

2. 对课程资源应用对象的再认识

（1）课程资源开发设置的针对性问题。目前，接受继续教育的中小学教师参加继续教育的学习，除完成每学年的教师继续教育学时学分外，已不是简单地或单纯地接受性、单一性知识储存型学习，而是带有明显教师职业素养整体提升性的持续性学习。还有一大部分中小学和幼儿教师在深圳经济发展的大环境下，正在逐步改变以往只为拿学时的被动学习心态，越来越开始形成具有自主自觉性、问题研究性、理解判断性及团队协作式交流探究性等形态特征。这些特征是思考当前中小学教师继续教育课程设置时，必须特别关注的。因为继续教育的课程，毕竟是为中小学教师职业素养的整体提升而设的，所以，课程开发设置就应该考虑与中小学教师的学习特点是否具有适切性或适宜性。

（2）提升教师综合实践能力的问题。目前中小学教师教学过程存在一种比较严重的现象，就是教师缺少亲自动手设计制作如教具、道具等一般性的技能。年轻教师比中老年教师的动手能力更差，而中老年教师对如信息技术方面的基本操作能力比青年教师差。这与我们中小学教育教学长期存在的重理论、轻实践，重讲授、轻操作，和操作的工具、材料准备的繁杂、耗时、耗材和整理麻烦紧密有关。近几年，国家在各行各业大力提倡"工匠"精神，就是要求教师要像"工匠"一样，体现出教师作为一项职业，应具备的执着专注、精益求精、传承创新、团队合作素养。更要在教学领域亲自动手实践，体现精雕细琢的工匠精神的特质。当前继续教育课程设置中，需要偏重于培训教师提出问题和解决问题的能力，自主思考能力和创新精神的课程设置与锻炼。

（3）确立课程设置结构的灵活性、多样性和层次性问题。因为当前中小学教师继续教育是多类型和多层次的，可能是短期性教学技能培训，也可能是学科知识的更新、补充，还可能是针对课程教学研究能力的提升等，因此，所设置的课程应该具有务实性、问题探究性、实践针对性和工具应用性等，要最大化地发挥其达成多样性和多层次性的中小学教师继续教育目标指向的功能价值。

二、课程资源与美术学科开发

1. 分析探索学科课程资源开发与建设的前景

自新课程改革以来，国家对学校美术课程进行了较大范围的扩展，并开始关注课程资源的开发与利用问题。在《美术课程标准》专门设置"综合、探索"学习领域，使美术课程不再局限于美术学科本身，拓展至自然、文化、社会等范畴，并在"实施建议"中专门讲述了课程资源的开发利用问题。尽管这些是针对学生的美术学习要求的，但实际上这些要求同样适合于不同学科的教师对美术学科的学习需要。因此，在这样的课程改革大背景下，美术学科的教师们开始了地方和校本课程的设计开发。美术课程资源的开发利用，具有不同于其他学科的丰富性和需求性。例如，笔者在2002年初，以学校内种植的大量的木棉树为资源，开发了"收集素材、艺术造型、生活应用"等一系列的单元教学设计课程。在当时被称之为研究性学习。后来这个系列的单元设计课例在江浙一带还引发了"这是美术课还是生物课"的激烈大讨论……

2. 科学合理地开发美术课程资源，为不同学科教师学习做课程储备

尽管美术学科长期以来被认为是学校的"小三门"学科，但是其丰富的课程资源与开发潜力，可以为广大中小学和幼儿园教师的继续教育课程建设目标服务，实现理想的"大美育"教育目标。

（1）美术课程资源的开发利用，符合审美能力提升。以美术课程资源为中心，把美术技能技巧与人文素质有机统一起来，其目标在于传授美术知识、训练美术技能、培养审美素养、促进美术文化学习。美术课程资源的开发建设都需要围绕这一目标展开。

（2）美术课程资源的开发利用，既要围绕提升教师综合实践能力的需要，提高开发和运用课程资源的意识与能力，又必须研究符合教师学习兴趣、需要和实际操作特点的教学活动方式、教学手段和教学工具，照顾到不同学科教师的实际能力。

三、学科课程开发的内容与途径

1. 丰富的美术学科课程资源库

就美术学科课程开发的内容来看，可以分为几大类型，如美术造型与表现、设计与应用、欣赏与评述、综合与探索，即国家美术课程标准规定的"四大"学习领域。但在实践过程中，到了高中，又扩展到了如书法艺术、篆刻艺术、摄影艺术、影视艺术、现代数字传媒艺术等领域。这些课程的设置，尽管是针对中小学和幼儿园学生学习领域的美术课程标准，但同时又可成为中小学和幼儿园教师继续教育，提高综合素养、审美能力的课程资源开发与建设利用的课程学习领域。以笔者基地学校美术优势学科为例，目前已经开发通过三门课程资源。美术学科组有三位教师：美术科组长翁宏国老师是深圳市继续教育课程建设首批入库专家，设计有"玉石鉴赏与美术造型"课程，并受到全市继续教育选课的热烈响应。谢秋玲老师是一位美术、音乐教学能力都很突出的艺术型教师，特别擅长手工教学。她所辅导的学生的手工作品多次受到市、区教研部门、学校领导的肯定和赞赏。她还开设了"手工衍纸"课程。张群伟老师以书法见长，其书法教学基本功扎实，也正在开设课程项目。

实际上，全市的中小学美术学科课程资源，如毛笔书法、水墨国画、纸艺（刻纸、剪纸）等方面有非常多有待开发的课程资源。

2. 美术学科课程开发建设的途径

（1）以市、区名师工作室为平台的课程资源开发途径。在2013年前后，笔者为当时的罗湖区教科培中心教师培训兼职指导教师和兼职教研员工作，先后设计开发了"中西绘画欣赏与比较""中国山水画造型与表现""珠宝设计与造型"等课程项目。罗湖区名师工作室成员笋岗小学张剑老师、杨健梅老师开发的剪纸和毛笔书法课程，华丽小学陈镇钺老师开发的黑白画课程，桂园小学陈程老师开发的简笔画课程等，都是借助名师工作室这个平台，美术学科教师团队一起研究，一起研讨，任务驱动，共同确定项目，分别开发的课程资源。

（2）充分发挥"双平台"的辐射作用。在名师工作室和基地学校的"双平台"上，邀请市、区不同学校同学科设计继续教育课程，又增加全市美术学科课程开发拓展空间，正在逐步形成不同区、校的美术学科教师的课程资源开发。如邀请了福田区名师工作室主持人、莲花中学南校区美术学科的郭丽坤老师，设计开设了一门12课时的"指尖上布艺造型"课程，已经在近几年先后完成继续教育授课。本基地学校已经拥有3门课程，即"玉石鉴赏与美术造型""手工衍纸"和"指尖上布艺造型"，并顺利地完成了在基地校开展继续教育培训课程任务。

目前，已有龙华区的贺剑辉名师工作室摄影课程资源开发、孔德喜水墨画工作室水墨画课程资源项目，龙岗区的石芽岭学校黄伟玲老师数字美术开发课程项目，罗湖区华丽小学广东省小学美术黑白画研究基地课程项目，罗湖区布心中学李健芳刻纸工作室刻纸课程开发、郭新元陶瓷工作室陶瓷课程开发建设等课程开发建设项目。

同时，名师工作室辐射效应正在逐步扩展。在这些工作室课程资源建设的基础上，又有一批年轻教师新加入各分工作室，再由年轻新教师运用各自的美术学科专业特长，设计开发出新的可供师生共用的继续教育课程资源。

（3）以课题研究型带动特色课程的开发建设。以"总课题—子、小课题"形式拓展特色课程资源的项目研究。在研究中小学课堂教学的实践过程中，对工作室成员各自的专业特长进行引领，并以"小课题"形式开展研究。指导教师先从自己熟悉的小课题研究入手，以问题为导向，不定期地举行小课题研究交流活动，逐步清晰自己的特色课程资源开发思路和途径。例如，工作室近几年所开展并已经结题的"提高中小学美术课堂作业有效性的行动研究""中小学美术学科课堂作业评价研究""中小学美术学科提高课堂教学高效性策略研究"项目，锻炼了教师除课堂教学能力外，集教科研为一体的综合能力。目前，工作室全体成员正在研究的市级重点资助课题"中小学美术微课可视化教学设计与应用研究"，都是利用工作室成员和校学科组之间的优势，指导其组织开展研究工作的具体案例实践。

（4）以信息化技能拓宽课程资源开发的思维空间。为了促进全体工作室成员对工作室所承担的市级重点课题的"微课可视化教学设计"的深入理解和增加实践操作的机会，工作室已经先后三次邀请了深圳大学的微课设计专家薛英忠、深圳大学教务处吴教授来工作室开展现场授课，邀请中国教育学会高质量研究中心的雷斌主任、中国微课教育专家李玉萍教授进行微课创作、手机微课课程、码课码书的开发与应用等现场讲座和操作指导。这些课程资源的学习，无疑为未来的美术学科课程开发和建设，提供了更加广阔的创作思路和创意空间。

3. 课程开发队伍建设过程亟待解决的问题

一是教师对继续教育课程开发与建设的思想认识有待于提高。在目前的中小学和幼儿园里，美术学科教师普遍忙于完成学校各种各样的杂务，再要求其进行教师继续教育课程开发，大家都有一种畏难思想和情绪，觉得自己的美术学科教学工作和学校工作已经够忙碌了，无暇顾及课程开发设计。思想上缺少对课程开发的正确认识。

二是优势学科课程开发需要专家的指导和帮助。就目前的名师工作室和基地学校优势学科而言，学校对优势学科的重视程度需要顾及整体学科的平衡。除学校需要承担每周15~18节的美术学科教学任务外，还需要自己设计开发，并要指导工作室成员继续教育课程开发和培训等方面工作，能力还是有限，更需要上级主管部门的专业指导和帮助。

三是给予课程开发教师一定的荣誉，以增加其积极参加课程开发设计的热情。由于名师工作室和基地学校成员虽然都很想积极参加，有的已经有课程通过了授课审核，但是在其学校里没有得到领导的认可，有的甚至感觉这种课程对学校没有什么帮助，这就大大打击了工作室成员参与学科课程开发的热情和积极性。建议以文件形式，对积极参与基地学校课程开发工作的教师进行表扬和鼓励，使其在本学校内也得到应有的重视。

中小学和幼儿园教师继续教育课程及其资源开发和利用，是一个比较错综复杂的过程，既需要课程建设专家高瞻远瞩的方向引领，更需要教师脚踏实地的实践探究。本文的介绍只是基于本优势学科课程建设的一些粗略实践经验，更需要理论指导。

"路漫漫其修远兮，吾将上下而求索。"相信随着新一轮课程改革的推进和深化，教师在课程建设方面会有更深刻的认识，并积累更加丰富的实践经验，为深圳的中小幼课程建设做出新的贡献。

参考文献

［1］钱初熹.跨学科界限的美术教育［M］.北京：中国美术教育，2012：
12-15.

［2］李世菊.试论中小学美术课程资源的开发和利用［D］.成都：四川师
范大学，2007：23-30.

美国西北部高中美术教育探微

——记美国蒙大拿州米苏拉市（Missoula，Montana）高中美术课堂教学考察

一、高中美术教学的自信、独立思考、个性张扬

在这次美国蒙大拿州米苏拉市整个学习中，外出考察最多的应该是普通高中的美术教育了。在米苏拉学区所管辖的五所公立高中学校中，我们就参观了Big Sky High School、Sentinel High School和Hellgate High School三所当地很有名气的高中，对美国公立普通高中美术教育有了更多接触的机会，也有了更多的了解和体会。

这次参观听课是在Sentinel High School学校。这所学校有三层楼的建筑，规模与所参观过的其他高中学校基本相同，里外空间都比较大，特别是里面学生的运动、活动的场所更是显得很有气魄。当我们通过狭窄的校门进入校园时，映入眼帘的是展示在壁橱两边的各种各样的学生美术作业，有黑白效果的刻纸版画、素描、线描肖像，多种形式的工艺设计、手工制作，还有些既有写实又有抽象效果的怪诞作品，给人的第一感觉是这所学校在艺术教育方面应该是有一定的特色的。

在观摩了高二美术课后，紧接着的是一节高三的美术课。上美术课的是位40多岁的男教师。美术课的学习内容是给设计稿配上色彩，并简单地介绍了一些色彩搭配的基本规律和基础知识，也提示学生如果自己对设计稿不满意或者有更好的设计思路，可以继续修改或者重新设计，但要求在课后补上时间来完成作业。这一环节，教师既没有直接示范，也没有给学生现场指导，而是让学生自己去找放在教室里的各种学习资料，然后学生就开始各自作业了。

这时笔者观察了一下周围的学生：有的到前面的材料放置处把自己所需要的颜料倒少量在纸碟上就开始上色了；有的几个人一起讨论，还不时地用很

浓重的色彩在勾形状；有的还在用铅笔很精致地描绘设计图；也有的正在用多张色纸重叠起来制作几层近似半立体的造型；还有的学生用裁纸刀把已经设计好的图形挖空，底上再放有颜色的纸，然后又把刚才挖出来的形状再放在另外一张色纸上……教室里每名学生都在很投入地做着自己的事情。但笔者也看到有一名学生没有动手，而是坐在桌子旁边时而看着别人画，时而又在思考。笔者轻轻凑过去问他有没有找到自己的感觉，他冲我微笑了一下，然后很自信地说："现在还没有，我想很快就会有了。"再看美术教师，他一直在与需要帮助的学生轻轻说话，但始终没有亲自动手帮他们。整个教学过程显得比较安静、自由、轻松，师生之间从语气来看好像好朋友之间的交流，没有过多的要求和被要求。这一过程给我印象最深的一点是，学生在基本功不那么扎实的阶段可以按自己的想法作画，真诚而热情地自由表现。笔者觉得美国教师能把这点教给学生是非常难得和可贵的，所以笔者非常羡慕这些师生可以这样随心所欲，从容、平等和轻松的教与学的氛围中学习。

与当地的小学、初中学校教育相比有一种完全不同的感受，那就是高中学生无论在哪门学科，学习过程所表现出来的自信、独立思考、个性张扬，创新意识和精神显得更突现。

二、高中美术学习在自然发展中被选择与延伸

国内高中阶段的学生，如果文化成绩上不去，有人会指引其选择艺术类学习项目。如参加美术高考，就必须要有画素描、色彩的枯燥学习过程。这样，学生经过长时期固定单一的程式化、封闭式训练，虽然美术的造型能力提高了，但学习思维的灵活性、敏捷性和视野开阔性，特别是青少年独立思考的冲动性、创造性也随之被慢慢地磨灭了。这是目前国内高中美术教育存在的比较突出的问题。那么在美国，高中美术教育是否也面临同样的问题呢？我就带着这样的思考和问题走进了该学区的普通高中美术教学课堂。

1. 丰富的课程资源，拓阔了艺术学习空间

让我们先了解一下学校所在的米苏拉市学区所属公立普通高中学生必修和选修的（十至十二年级）视觉艺术（visual arts）——美术课程（fine arts curriculum）内容的基本情况（见表1、表2）。

表1 美术课程内容一

《素描（2）》（年级Grades 10～12）			
课程学习	先前准备	课程概况	主题内容
50学时	·教师先复习上学年《素描（1）》学习的知识，介绍本《素描（2）》美术学习高级班的要求和必需的准备工作	·《素描（2）》将使学生在艺术观念、技能学习会有更进一步的发展。学生将学习使用多种图画技术和材料，包括不限制铅笔、木炭、粉笔、钢笔、墨水和新的流质媒介材料的多种先进技术；学生还将学习历史文化和同时代艺术发展方面的概况	·主要强调远、中、近景所包括的线性、重叠、大小、浓淡远近和细节处理等。 ·学习使用与照片有关的表现价值。 ·对形体的强化处理。 ·自我表达对素描形式的理解

表2 美术课程内容二

《色彩（2）》（年级Grades 10～12）			
课程学习	先前准备	课程概况	主题内容
50学时	·教师先复习上学年《色彩（1）》的基础，介绍本《色彩（2）》美术学习高级班的要求和必需的准备工作	·《色彩（2）》将使学生学习美术造型、艺术思想、技能等方面会有更进一步的发展，学生将会学习油画、蛋彩画法、压克力画、水彩和混合的媒体材料的多种先进技术；学生还将学习历史文化和同时代艺术发展方面的概况	·主要绘画的厚涂颜料技法、Grisalle、点描法、底层色和树胶水彩画技术，强调远、中、近景所包括的线性、重叠，大小、高调和细节处理等。 ·生活写生。 ·自我表达。 ·用历史的观点来学习写作自己对同时代的艺术方面的看法。 ·学习审美的鉴别和艺术批评技术

上面两个表内所展示的只是普通高中美术课程素描提高班和色彩提高班的部分学习内容。在这里没有列出素描色彩基础班的学习课程，是因为上表将涉及由高中美术与大学美术招生相衔接的问题，所以从中可以看出该学区的普通高中美术绘画课程学习领域很突出文化学习方面的内容。

根据笔者对多所高中美术教育教学的细致观察，并通过英语教师帮助与多位任教的高中美术教师进行交流，了解到，在美国，一般的普通公立、私立高中美术教育内容设置都非常广泛，有的学校还有自己的教育强项，有些还具有一定的专业性，例如有陶艺、制图（分别有手绘和电脑）、珠宝设计、印刷与制版、雕塑、3D制作、卡通设计等学习课程，所学习的知识面也很广，但要求的程度不深。高中美术学习课程又分为必修课程和选修课程。（目前国内高中美术课程改革中"模块学习学分制"形式就是参考美国高中美术教学模式。）对学生的学习成绩评价是以最后所选择课程完成程度所得的学分来计量的。由于美国在读普通高中学生不一定每个人都愿意读重点名牌大学，或者说愿意进入专业的美术大学、艺术院校及综合性大学的艺术系学习，所以他们在高中学习阶段，特别是在普通高中四年级阶段，没有像我们国内参加美术高考那样要"千军万马过独木桥"，而是比较自由、个性化、自然地选择学生自己感兴趣或者认为适合自己以后发展的学习方向、学习专业。

2. 美术学习更多地关注个性化的思维训练

笔者在向美术指导教师提出如果有学生选择参加美术高考，那么在高中学习时是否要在进入九年级即高一的时候就准备学习素描、色彩的问题时，得到的回答是"不一定"。因为还有3～4年的学习时间，学生很少有这样的想法也不会这样去做，这样做等于限制了自己对其他学科领域的学习兴趣。但确实也有学生自己事先做了准备进入美术大学学习的选择，那么就要准备接受素描、色彩的训练。素描、色彩造型训练有很多种学习途径，学生可以参加学校每天下午3：00放学以后组织的美术俱乐部，也可以在晚上或者休息日到社区服务中心参加培训班学习，还可以自己去找或者经人介绍、推荐与某位画家联系好到其工作室学习等。这些学习途径除了跟着画家学习需要支付少量费用外，其他学习形式基本都是免费的，只要你有自己想去学就可以。

当咨询其学习的具体内容有哪些，如石膏像、静物还是人物写生之类的问题时，这位美术教师说，也有学生尝试画这些素材，特别是亚裔如日本、韩国、马来西亚等国家来的学生。但在这里，教师不主张学生这样去学习，而是会鼓励学生观察生活中哪些是自己最有感受、最有兴趣的事物，再让其找一找艺术家是怎么思考的，又是怎样来表现这一类事物等的资料，让学生从思想观念上去开阔艺术造型表现的视野，从中也可以学习和模仿一些造型技能。教师的任务就是与学生交流所表现的作品是否有学生自己的思想，有没有达到自己所想的最终效果，作品的表现形式是否有其他方式等。他还告诉笔者愿意参加美术专业院校学习的学生一般以艺术高中学校的学生为多。当笔者告诉他我国学生想参加专业美术院校高考还需要经过层层筛选时，特别是还需要现场考试。他听了感觉很奇怪，他说在美国，如果想去蒙大拿大学美术学院不需要考试，只需要把自己的素描、色彩作品及其他资料寄送过去就可以等待消息，有没有被录取都会被通知的。

3. 生活背景、艺术潜质等综合因素更为大学所倚重

在蒙大拿大学教育学院学习期间，笔者曾多次参观美术学院油画系、版画系和设计系的课堂教学。在当时，刚好是美术学院各系新生入学不久，所以第一次去参观如油画系课堂教学时所看到的学生正在画的作业，简直还不如我们国内准备参加美术高考的高中二、三年级普通学生的作业。第一感觉就是这些油画系学生没有基本功，无论是素描还是色彩，基本功都比较差。其他如版画和设计系也是类似的情况。

为了更深入他了解该美术学院的招生实况，笔者在中国留学生的帮助下，与系招生办公室秘书（Edward Morrissey）进行了更加详细的对话。就笔者所看到的这一现象和蒙大拿大学美术学院怎样招收高中学生等问题请教了系招生办公室秘书Morrissey先生。Morrissey先生介绍说，由于美国的艺术教育有它独立的招生方式、课程结构、公共的工作室制度和广泛灵活的各种各样选修课程，来确保其艺术教育和学生的自由发展。就蒙大拿大学美术学院招生条件来说，学校基本不要求学生有很好的基本功，认为这样的基本功甚至会阻碍学生以后的独立发展，所以学校招生办公室在审阅学生报名所交上来的作品时，不太看重这个学生的素描、色彩造型基础或者某些主题的表现方法。

如果一个报名的学生所带来的作品是很有传统训练的素描和静物，即使作品本身体现出深厚的基本功底，这个学生的作品也不会在招新生的筛选过程中占任何优势。美术学院更注重的是学生独立的艺术嗅觉、个性张扬的大胆尝试精神，或者是作品对社会性和人文性思想的思考。而且美术作品的水平或者成绩在整个招生审核过程中只占三分之一，更重要的是，学生在高中的平均成绩和SAT成绩，学生平时参与的社会工作和他的艺术理想、主张等占三分之二，除了要求审阅作品外，还要审阅学生自己所写的对艺术认识的书面材料和面谈过程等。

笔者认为，从美术学院的招生过程中可以看出，其从招生开始已经对学生以后的发展有了一定的预测性要求。实际上美术学院更加愿意接受有一定的社会经历，学习艺术思想比较坚定、很珍惜学习机会的学生，尽管基本功会差一些，但其以后对艺术思想的理解和追求会具有很长期的发展潜质。

三、结语

艺术教育是人类共同拥有的物质精神财富，无论是西方还是东方，不管是在美国还是在中国，学习和借鉴先进的、科学的艺术教育理念，促进和推动本国的艺术教育发展，是每个教育工作者的义务，更是我们每位艺术教师的职责。这次赴美国米苏拉市学习3个月的时间，零距离接触了米苏拉市中小学美术教学课堂。虽然时间短、任务重，只对该学区的部分公立小学、初中，特别是高中到大学的美术课堂教育教学做了一次纵向性的实况比较，对其高中美术教育现状，与教育管理者、教学者的直接交流，体会他们的教育思想，感受他们的教学过程，给我们的启示是非常深刻的。这值得我们客观、理性地思考、研究、借鉴和消化，把自己学习考察的感受逐步化作教育教学的实际行动，以探索符合我们自己教育的实践途径。

参考文献

［1］袁佐.关于美国艺术教育可资借鉴的经验与中国艺术教育改革［J］.清华美术，2006，3（51）.

［2］鲁曙明.教育技术学［M］.北京：中国人民大学出版社，2011.

［3］沈文钰，莫伟敏.美国幼儿教育和基础教育：历史、现状及趋势［M］.北京：中国人民大学出版社，2007.